1521744

Winter Frühling Sommer Herbst Winter Frühling Sommer Herbst Winter Frühling Sommer Herbst Winter Frühling Sommer Herbst Winter Frühling Sommer Herbst Winter Frühling Sommer Herbst Winter Frühling Sommer Herbst Winter Frühling Sommer Herbst Winter Frühling Sommer Herbst Winter Frühling Sommer Herbst Winter Frühling Sommer Herbst Winter Frühling Sommer Herbst Winter Frühling Sommer Herbst Winter Frühling Sommer Herbst Winter Frühling Sommer Herbst Winter Frühling Sommer Herbst Winter Frühling

Sommmer Herbst Winter Frühling Sommmer Herbst Winter Frühling Sommmer Herbst Winter Frühling Sommmer Herbst Winter Frühling Sommmer Herbst Winter Frühling Sommmer Herbst Winter Frühling Sommmer Herbst Winter Frühling Sommmer Herbst Winter Frühling Sommmer Herbst Winter Frühling Sommmer Herbst Winter Frühling Sommmer Herbst Winter Frühling Sommmer Herbst Winter Frühling Sommmer Herbst Winter Frühling Sommmer Herbst Winter Frühling Sommmer Herbst

stilvoll Stricken

Raffinierte Muster inspiriert vom Rhythmus der Natur

LV·Buch

Vorwort

Stricken war schon immer ein Teil von mir. Für mich ist Stricken das Natürlichste der Welt – genauso natürlich wie Atmen. Ich stricke schon seit meiner Kindheit. Meine Schwester und ich strickten auf dem Weg zum Schulbus. Ich strickte während des Unterrichts im Gymnasium. Ich strickte mit selbst gebastelten Stricknadeln aus Regenschirmstreben aus dem Himalaya. Im Laufe der Zeit gewöhnten sich meine Augen daran, überall Strickmuster zu erblicken. Ein Wintermorgen mit frostklarem Himmel, Rauhreif in den Bäumen, und schon erhalte ich Inspirationen für neue Strickideen. Auch beim Schnorcheln an einem Korallenriff sehe ich unzählige Strickmuster an mir vorbeischwimmen. In der Natur gibt es großartige Phänomene, wie zum Beispiel die verschiedenen Wolkenformationen. Es liegt daher auf der Hand, sich durch unsere Natur inspirieren zu lassen. Ich habe einige Themen aus dem Bereich der Natur für „Stilvoll Stricken" ausgewählt, aber es gibt immer noch Strickpullis, die darauf warten, entdeckt zu werden. Gehen Sie auf die Suche. machen Sie es sich bequem und lassen Sie sich inspirieren.

Ich wünsche Ihnen viel Freude beim Stricken. Stricken natürlich!

Annette Danielsen

LV·Buch im Landwirtschaftsverlag GmbH, 48084 Münster

© Landwirtschaftsverlag GmbH, Münster-Hiltrup, 2010

© 2008 Isager Aps. und Forlaget EC Edition, Dänemark

Das Werk einschließlich aller seiner Teile ist urheberrechtlich geschützt. Jede Verwertung außerhalb der engen Grenzen des Urheberrechtsgesetzes ist ohne Zustimmung des Verlages unzulässig und strafbar. Das gilt insbesondere für Vervielfältigungen, Übersetzungen und die Einspeicherung und Verarbeitung in elektronischen Systemen.

Übersetzung
Dörte Dietrich, www.wollwerkstatt-kiel.de

Lektorat
Gabriele Böcher, www.isager-stitches.de

Fotos
Styrbech Fotografi, www.styrbech.dk

Gestaltung
Hauritz Design, www.hauritz.eu

Titelgestaltung
KreaTec – Grafik, Konzeption und Datenmanagement im Landwirtschaftsverlag GmbH, Münster

Druck
Rasch Druck GmbH & Co. KG

ISBN 978-3-7843-5078-3

„Stilvoll Stricken" („strik naturligvis") konnte nur in Zusammenarbeit mit der Fotografin Anne Styrbech entstehen. Die Aufmachung des Buches verdanke ich außerdem dem Grafikdesigner Lars Hauritz. Die Strickmuster entstanden durch die Unterstützung von Marianne Isager und meinen Kollegen bei ISAGER. Meine Mutter strickte mit grosser Geduld alle Modelle, einige sogar mehrmals.

Danke für Eure Hilfe und Unterstützung.

Inhalt

Frühling

Kumulus	6
Bärlauch	14
Wasserlauf	22
Wiese	26

Sommer

Schmetterling	34
Sand	42
Wasserwirbel	48
Distel	52

Herbst

Laubfall	62
Regentropfen	68
Lange Schatten	74
Felder	80

Winter

Frost	86
Jahresringe	92
Spinnennetz und Spinne	98
Jahreszeiten	100

Frühling

Kumulus Bärlauch Wasserlauf Wiese Kumulus Bärlauch Wasserlauf Wiese Kumulus Bärlauch Wasserlauf Wiese
Wasserlauf Wiese Kumulus Bärlauch Wasserlauf Wiese Kumulus Bärlauch Wasserlauf Wiese Kumulus Bärlauch
Bärlauch Wasserlauf Wiese Kumulus Bärlauch Wasserlauf Wiese Kumulus Bärlauch Wasserlauf Wiese Kumulus
Wiese Kumulus Bärlauch Wasserlauf Wiese Kumulus Bärlauch Wasserlauf Wiese Kumulus Bärlauch Wasserlauf
Wasserlauf Wiese Kumulus Bärlauch Wasserlauf Wiese Kumulus Bärlauch Wasserlauf Wiese Kumulus Bärlauch
Bärlauch Wasserlauf Wiese Kumulus Bärlauch Wasserlauf Wiese Kumulus Bärlauch Wasserlauf Wiese Kumulus

lus Bärlauch Wasserlauf Wiese K
f Wiese Kumulus Bärlauch Wasserla
ch Wasserlauf Wiese Kumulus Bär
mulus Bärlauch Wasserlauf Wiese K
f Wiese Kumulus Bärlauch Wasserla
ch Wasserlauf Wiese Kumulus Bär

Kumulus

Kumulus Bärlauch Wasserwirbel Wiese Kumulus Bärlauch Wasserwirbel Wiese Kumulus Bärlauch Wasserwirbel W
Wasserwirbel Wiese Kumulus Bärlauch Wasserwirbel Wiese Kumulus Bärlauch Wasserwirbel Wiese Kumulus Bärlauch
Kumulus Bärlauch Wasserwirbel Wiese Kumulus Bärlauch Wasserwirbel Wiese Kumulus Bärlauch Wasserwirbel W
Wasserwirbel Wiese Kumulus Bärlauch Wasserwirbel Wiese Kumulus Bärlauch Wasserwirbel Wiese Kumulus Bä
Kumulus Bärlauch Wasserwirbel Wiese Kumulus Bärlauch Wasserwirbel Wiese Kumulus Bärlauch Wasserwirbel W
ese Kumulus Bärlauch Wasserwirbel Wiese Kumulus Bärlauch Wasserwirbel Wiese Kumulus Bärlauch Wasserwir

Größen: S (M) L (XL)
Halbe Brustweite: 45(50)54(58) cm
Länge: 57(57)59(59) cm
Ärmellänge unter den Ärmeln: 46 cm

Material:
300(350)350(400) g ÅLJ Farbe 0
300(350)350(400) g Isager Alpaka 2 Farbe 2105
Isager Alpaka 2 mit doppeltem Faden stricken
Die 3 Fäden zusammen verstricken.

Verwendete Rundnadel und Strumpfnadel Nr. 7

7 Knöpfe.

A = 2 M auf eine Hilfsnadel vor die Arbeit setzen, ohne sie zu stricken – die nächsten 2 M re str – die 2 M von der Hilfsnadel re str.

B = 2 M auf eine Hilfsnadel hinter die Arbeit setzen, ohne sie zu stricken – die nächsten 2 M re str – die 2 M von der Hilfsnadel re str.

C = 4 M auf eine Hilfsnadel vor die Arbeit setzen, ohne sie zu stricken – die nächsten 4 M re str – die 4 M von der Hilfsnadel re str.

D = 4 M auf eine Hilfsnadel hinter die Arbeit setzen, ohne sie zu stricken – die nächsten 4 M re str – die 4 M von der Hilfsnadel re str.

Strickprobe im Muster

20 M mit Nadel Nr. 7 anschlagen.

- **1. R:** 3 M re – 1 M li – 3 M re – 6 M li – 3 M re – 1 M li – 3 M re.
- **2. R:** 1 M re – 2 M li – 1 M re – 3 M li –A– 2 M re – 3 M li – 1 M re – 2 M li – 1 M re.
- **3. R:** wie 1. R
- **4. R:** 1 M re – 2 M li – 1 M re – 3 M li – 6 M re – 3 M li – 1 M re – 2 M li – 1 M re.
- **5. R:** wie 1. R
- **6. R:** 1 M re – 2 M li – 1 M re – 3 M li – 2 M re -B- 3 M li – 1 M re – 2 M li – 1 M re.
- **7. R:** wie 1. R
- **8. R:** wie 4. R

Die 1. – 8. R 2mal wdh. Alle M abketten.
Probe = 14 cm breit und 10 cm hoch

Passe

16(16)18(18) M anschlagen.

Startreihe 1 (Rückreihe): 5(5)6(6) M re – 6 M li – 5(5)6(6) M re.

Startr 2 (Hinreihe): 1 M re – 4(4)5(5) M li – *1 M re – 1 neue M re verschr aus dem Querfaden zwischen den M herausstr*. Von * bis * insgesamt 6mal str – 4(4)5(5) M li – 1 M re.

Startr 3: 5(5)6(6) M re – 12 M li – 5(5)6(6) M re.

Startr 4: 1 M re – 4(4)5(5) M li – 1 neue M – 3 M re – 1 neue M – 3 M re – 1 neue M – 3 M re – 1 neue M – 3 M re – 4(4)5(5) M li – 1 M re = 26(26)28(28) M.

Danach im Muster fortsetzen.

- **1. R:** 4(4)5(5) M re. Das Strickstück wenden.
- **2. R:** 1 verschr Umschlag – 3(3)4(4) M li – 1 M re. Zu Beginn der 3. R jedes Mal eine Markierung an der Seite setzen. Das erleichtert das Aufstricken der Körpermaschen.
- **3. R:** 4(4)5(5) M re – den U mit der nächsten M re zus str – 16 M li – 1 M re. Wenden.
- **4. R:** 1 verschr U – 1 M li – D – noch einmal D – 4(4)5(5) M li – 1 M re.
- **5. R:** 5(5)6(6) M re – 16 M li – 1 M re – U mit der nächsten M re zus str – 3(3)4(4) M re.
- **6. R:** 1 M re – 2(2)3(3) M li – 2 M li zus – 4 M re – 1 neue M – 8 M re – 1 neue M – 4 M re – 2 M li zus – 2(2)3(3) M li – 1M re.
- **7. R:** 4(4)5(5) M re – 4 M li – 1 M re – 8 M li – 1 M re – 4 M li – 4(4)5(5) M re.
- **8. R:** 1 M re – 1(1)2(2) M li – 2 M li zus – 4 M re – 1 neue M – 1 M li – C – 1 M li – 1 neue M – 4 M re – 2 M li zus – 1(1)2(2) M li – 1 M re.
- **9. R:** 3(3)4(4) M re – 4 M li – 2 M re – 8 M li – 2 M re – 4 M li – 3(3)4(4) M re.
- **10. R:** 1 M re – 2(2)3(3) M li – 4 M re – 2 M li – 8 M re – 2 M li – 4 M re – 2(2)3(3) M li – 1 M re.
- **11. R:** wie 9. R.
- **12. R:** wie 10. R.
- **13. R:** 3(3)4(4) M re – 4 M li – 1 M re. Wenden.
- **14. R:** 1 verschr U – 1 M li – 4 M re – 2(2)3(3) M li – 1 M re.
- **15. R:** 3(3)4(4) M re – 4 M li -1 M re – U mit der nächsten M re zus str – 8 M li – 1 M re. Wenden.
- **16. R:** 1 verschr U – 1 M li –C– 2 M li – 4 M re – 2(2)3(3) M li – 1 M re.
- **17. R:** 3(3)4(4) M re – 4 M li – 2 M re – 8 M li – 1 M re – U mit der nächsten M re zus str – 4 M li – 3(3)4(4) M re.
- **18. R:** wie 10. R.
- **19. R:** wie 9. R.
- **20. R:** wie 10. R.
- **21. R:** wie 9. R.
- **22. R:** 1 M re – 2(2)3(3) M li – 1 neue M li – 4 M re – 2 M li zus – C – 2 M li zus – 4 M re

– 1 neue M li – 2(2)3(3) M li – 1 M re.
23. R: wie 7. R.
24. R: 1 M re – 3(3)4(4) M li – 1 neue M li – 3 M re – (die 1. M re abheben – die 2. M re abh – es sind nun beide M ½ Umdrehung verschränkt – beide M zurück auf die li Nd setzen und sie re verschr zus str. Nun liegt die 1. M oben) – 8 M re – 2 M re zus – 3 M re – 1 neue M li – 3(3)4(4) M li – 1 M re.

Die 1. – 24. R insgesamt 8(9)10(11) mal stricken. Danach die 1. – 5. R str. Mit der 5. R enden und dann eine Schlußr stricken:

Schluß 1: 1 M re – 4(4)5(5) M li – 2 M re zus – 2 M re – 2 M re zus – 2 M re zus – 2 M re zus – 2 M re – 4(4)5(5) M li – 1 M re = 22(22)24(24) M.
Schluß 2 (Rückr): 5(5)6(6) M re – 12 M li – 5(5)6(6) M re.

Schluß 3: 1 M re – 4(4)5(5) M li – 2 M re zus – 2 M re zus – 2 M re zus – 2 M re zus – 2 M re zus – 4(4)5(5) M li – 1 M re = 16(16)18(18) M.
Die re M rechts und die li M links abketten.

Passenvorderkante

6 M anschlagen.
1. R: (Rückr): 1 M mit dem Faden vor der Arbeit abheben = 1 M li abh – 1 M li abh – 1M li – 3 M re.
2. R: 1 M re – 2 M li – 3 M re.
Nach 6(6)7(7) cm in einer 1. R ein Knopfloch str: 1 M li abh – 1 M li abh – 1 M li – U – 2 M re verschr zus – 1 M re.
Fortsetzen bis die Vorderkante 12(12) 14(14) cm misst. Nach einer 1. R enden. Nicht abketten, aber den Faden abschneiden. Wieder 6 M anschlagen.
1. R: (Rückr): 3 M re – 2 M li – 1 M re.
2. R: 1 M li abh – 1 M mit dem Faden hinter der Arbeit abheben = 1 M re abh – 1 M re – 2 M li – 1 M re.
Fortsetzen bis die Vorderkante 12(12)14(14) cm misst. Nach einer 1. R enden. Nicht abketten, den Faden NICHT abschneiden.

Körper

Die 2. R der Vorderkante stricken, dort, wo der Faden nicht abgeschnitten wurde. 161(177) 193(209) M aus der Außenseite der längeren Passenseite herausstricken, angefangen mit 5(3)7(6) M am Anfang der Passe bis hin zur 1. Markierung.
19(19)18(18) M pro Rapport aus der Passe herausstricken. 4(3)6(5) M ab der letzten Markierung bis zum Ende der Passe herausstricken – die 2. R der letzen Vorderkante str = 173(189) 205(221) M.

Reihe 1: 1 M li abh – 1 M li abh – 1 M li – 2 M re – 2 M li zus – *2(3)3(4) M re – 6 M li – 2(3)3(4) M re – 1 M li*. Von * bis * insgesamt 2mal = Vorderteil.
5(3)7(5) M re – 1 M li – 2(3)3(4) M re – 6 M li – 3(4)4(5) M re – 1 M li – 3(4)4(5) M re – 6 M li – 2(3)3(4) M re – 1 M li – 5(3)7(5) M re = Ärmel.
1 M li – *2(3)3(4) M re – 6 M li – 2(3)3(4) M re – 1 M li*. Von * bis * insgesamt 4mal = Rücken.
5(3)7(5) M re – 1 M li – 2(3)3(4) M re – 6 M li – 3(4)4(5) M re – 1 M li – 3(4)4(5) M re – 6 M li – 2(3)3(4) M re – 1 M li – 5(3)7(5) M re = Ärmel.
1 M li – 2(3)3(4) M re – 6 M li – 2(3)3(4) M re – 1 M li – 2(3)3(4) M re – 6 M li – 2(3)3(4) M re –

2 M li zus – 2 M re – 2 M li – 1 M re = Vorderteil.
Reihe 2: 1 M li abh – 1 M re abh – 1 M re – 2 M li – 1 M re – *2(3)3(4) M li – 1 neue M – 6 M re – 1 neue M – 2(3)3(4) M li – 1 M re*. Von * bis * insgesamt 2mal = Vorderteil.
5(3)7(5) M li – 1 M re – 2(3)3(4) M li – 1 neue M – 6 M re – 3(4)4(5) M li – 1 M re –3(4)4(5) M li – 6 M re – 1 neue M – 2(3)3(4) M li – 1 M re – 5(3)7(5) M li = Ärmel.
1 M re – *2(3)3(4) M li – 1 neue M – 6 M re – 1 neue M – 2(3)3(4) M li – 1 M re*.
Von * bis * insgesamt 4mal = Rücken.
5(3)7(5) M li – 1 M re – 2(3)3(4) M li – 1 neue M – 6 M re – 3(4)4(5) M li – 1 M re – 3(4)4(5) M li – 6M re – 1 neue M – 2(3)3(4) M li – 1 M re – 5(3)7(5) M li = Ärmel.
1 M re – *2(3)3(4) M li – 1 neue M – 6 M re – 1 neue M – 2(3)3(4) M li – 1 M re*.
Von * bis * insgesamt 2mal. Mit 2 M li – 3M re enden = Vorderteil.

Die Ärmelmaschen auf einen Faden setzen und unter den Armachseln neue M anschlagen. Gleichzeitig mit Wendestricken den Hals formen:

Reihe 3: 1 M li abh – 1 M li abh – 1 M li – 2 M re – 1 M li – *3(4)4(5) M re – 6 M li – 3(4)4(5) M re – 1 M li*. Von * bis * insgesamt 2mal. Die 37(37)45(45) Ärmelmaschen auf einen Faden setzen. 14(12)16(14) M in Verlängerung des Vorderteiles anschlagen. 1 M li – *3(4)4(5) M re – 6 M li- 3(4)4(5) M re – 1 M li*. Von * bis * insg 4mal. Die 37(37)45(45) Ärmelmaschen auf einen Faden setzen. 14(12)16(14) M in Verlängerung der Rückenmaschen anschlagen. 1 M li – 2(3)3(4) M re. Wenden.
Reihe 4: 1 verschr U – 2(3)3(4) M li – 1 M re – 14(12)16(14) M li – 1 M re – 2(3)3(4) M li. Wenden.

Reihe 5: 1 verschr U – 2(3)3(4) M re – 1 M li – 14(12)16(14) M re – 1 M li – 2(3)3(4) M re – U mit der nächsten M re zus str – 6 M li – 2(3)3(4) M re. Wenden.

Reihe 6: 1 verschr U – 2(3)3(4) M li – A – 2 M re – 3(4)4(5) M li – 1 M re – 14(12)16(14) M li – 1 M re – 2(3)3(4) M li – U mit der nächsten M li zus str – A – 2 M re – 2(3)3(4) M li. Wenden.

Reihe 7: 1 verschr U – 2(3)3(4) M re – 6 M li – 3(4)4(5) M re – 1 M li – 14(12)16(14) M re– 1 M li – 3(4)4(5) M re – 6 M li –2(3)3(4) M re – U mit der nächsten M re zus str – 1 M li – 2(3)3(4) M re. Wenden.

Reihe 8: 1 verschr U – 2(3)3(4) M li –1 M re – 3(4)4(5) M li – 6 M re -3(4)4(5) M li – 1 M re – 14(12)16(14) M li – 1 M re – 3(4)4(5) M li – 6 M re -2(3)3(4) M li – U mit der nächsten M li zus str – 1 M re – 2(3)3(4) M li. Wenden.

Reihe 9: 1 verschr. U – 2(3)3(4) M re – 1 M li – 3(4)4(5) M re – 6 M li -3(4)4(5) M re – 1 M li – 14(12)16(14) M re – 1 M li – 3(4)4(5) M re – 6 M li – 3(4)4(5) M re – 1 M li – 2(3)3(4) M re – U mit der nächsten M re zus str – 6 M li – 2(3)3(4) M re. Wenden.

Reihe 10: 1 verschr U – 2(3)3(4) M li – 2 M re – B – 3(4)4(5) M li – 1 M re -3(4)4(5) M li – 2 M re – B – 3(4)4(5) M li – 1 M re – 14(12)16(14) M li – 1 M re – 3(4)4(5) M li – 2 M re – B – 3(4)4(5) M li – 1 M re –2(3)3(4) M li – U mit der nächsten M li zus str – 2 M re – B – 3(4)4(5) M li – 1 M re – 3(4)4(5) M li – 2 M re – B – 3(4)4(5) M li – 1 M re – 3(4)4(5) M li – A – 2 M re – 3(4)4(5) M li – 1 M re – 14(12)16(14) M li – 1 M re – 2(3)3(4) M li. Wenden.

Reihe 11: 1 verschr U – 2(3)3(4) M re – 1 M li – 14(12)16(14) M re – 1 M li – 2(3)3(4) M re. Wenden.

Reihe 12: 1 verschr U – 2(3)3(4) M li – 1 M re – 14(12)16(14) M li – 1 M re – 2(3)3(4) M li – U mit der nächsten M li zus str – A – 2 M re – 2(3)3(4) M li. Wenden.

Reihe 13: 1 verschr U – 2(3)3(4) M re – 6 M li –

3(4)4(5) M re – 1 M li – 14(12)16(14) M re – 1 M li – 2(3)3(4) M re – U mit der nächsten M re zus str – 6 M li – 2(3)3(4) M re. Wenden.

Reihe 14: 1 verschr U – 2(3)3(4) M li – 6 M re – 3(4)4(5) M li – 1 M re – 14(12)16(14) M li – 1 M re – 3(4)4(5) M li – 6 M re – 2(3)3(4) M li – U mit der nächsten M li zus str – 1 M re – 2(3)3(4) M li. Wenden.

Reihe 15: 1 verschr U – 2(3)3(4) M re – 1 M li – 3(4)4(5) M re – 6 M li – 3(4)4(5) M re – 1 M li – 14(12)16(14) M re – 1 M li – 3(4)4(5) M re – 6 M li – 3(4)4(5) M re – U mit der nächsten M re zus str – 1 M li – 2(3)3(4) M re. Wenden.

Reihe 16: 1 verschr U – 2(3)3(4) M li – 1 M re – 3(4)4(5) M li – 2 M re – B – 3(4)4(5) M li – 1 M re – 14(12)16(14) M li – 1 M re – 3(4)4(5) M li – 2 M re – B – 3(4)4(5) M li – 1 M re – 2(3)3(4) M li – U mit der nächsten M li zus str – 2 M re – B – 2(3)3(4) M li. Wenden.

Reihe 17: 1 verschr U – 2(3)3(4) M re – *6 M li – 3(4)4(5) M re – 1 M li – 3(4)4(5) M re* – 6 M li – 3(4)4(5) M re – 1 M li – 14(12)16(14) M re – 1 M li – 3(4)4(5) M re – 6 M li – 3(4)4(5) M re – 1 M li – 2(3)3(4) M re – U mit der nächsten M re zus str – Von * bis * noch 2mal – 6 M li – 3(4)4(5) M re – 1 M li – 14(12)16(14) M re – 1 M li – 3(4)4(5) M re – von * bis * noch 1mal – 6 M li – 2(3)3(4) M re – U mit der nächsten M re zus str – 1 M li – 2 M re – 2 M li – 1 M re.

Reihe 18: 1 M li abh – 1 M re abh – 1 M re – 2 M li – 1 M re – *3(4)4(5) M li – 6 M re – 3(4)4(5) M li – 1 M re*. Von * bis * insg 2mal. 14(12)16(14) M li. 1 M re – von * bis * insg 4mal. 14(12)16(14) M li. 1 M re – von * bis * stricken. 3(4)4(5) M li – 6 M re – 2(3)3(4) M li – U mit der nächsten M li zus str – 1 M re – 2 M li zus str – 1 U – 3 M re.

Knopflöcher

Das Knopfloch alle 8 cm wiederholen und dabei die letzten 5 M wie folgt stricken: 2 M li zus – 1 U – 3 M re. Die nächsten Reihen wie beschrieben stricken. Nach der Passe noch 4 Knopflöcher einstricken.

Reihe 19: 1 M li abh – 1 M li abh – 1 M li – 2 M re – 1 M li – *3(4)4(5) M re – 6 M li – 3(4)4(5) M re – 1 M li*. Von * bis * insg 2mal = Vorderteil. 14(12)16(14) M re. 1 M li – von * bis * insg 4mal. 14(12)16(14) M re. 1 M li – von * bis * insg 2mal – 2 M re – 2 M li – 1 re. Nun sind 145(157)165(177)M auf der Nadel.

Reihe 20: 1 M li abh – 1 M re abh – 1 M re – 2 M li – 1 M re – *3(4)4(5) M li – A – 2 M re – 3(4)4(5) M li – 1 M re*. Von * bis * insg 2mal. 14(12)16(14) M li. 1 M re – von * bis * insg 4mal. 14(12)16(14) M li. 1 M re – von * bis * insg 2mal – 2 M li – 3 M re.

Reihe 21: wie 19. Reihe.

Reihe 22: 1 M li abh – 1 M re abh – 1 M re – 2 M li – 1 M re – *3(4)4(5) M re – 6 M li – 3(4)4(5) M li – 1 M re*. Von * bis * insg 2mal. 14(12)16(14) M li. 1 M re – von * bis * insg 4mal. 14(12)16(14) M li. 1 M re – von * bis * insg 2mal – 2 M li – 3 M re = Vorderteil.

Reihe 23: wie 19. Reihe.

Reihe 24: 1 M li abh – 1 M re abh – 1 M re – 2 M li – 1 M re – *3(4)4(5) M li – 2 M re – B – 3(4)4(5) M li – 1 M re*. Von * bis * insg 2mal. 14(12)16(14) M li – 1 M re. 1 M re – von * bis * insg 4mal. 14(12)16(14) M li – 1 M re. 1 M re – von * bis * insg 2mal – 2 M li – 3 M re = Vorderteil.

Reihe 25: wie 19. Reihe.
Reihe 26: wie 22. Reihe.

R 19 bis 26 wiederholen, aber in der nächsten Hinreihe Abnahmen für die Taille stricken. Dafür in einer Hinreihe unter beiden Armen 2 li Maschen hinter 1 re Masche zusammenstricken und 2 li Maschen vor 1 re Masche zusammenstricken. Diese Abnahmen insgesamt 3mal in jeder 6.(6.)8.(8.) Reihe wdh = 133(145)153(165) M. Das Muster nach den Abnahmen und Knopflöchern regulieren.
3 Reihen stricken.

1., 2. und 3. Zunahme nach der Taille:
In einer Hinreihe unter beiden Armen 1 neue M hinter einer re M str und 1 neue M vor einer re M herausstricken = 4 neue M pro Reihe. Diese Zunahmen insg 3mal in jeder 4. R str = 145(157)165(177) M.
3 R stricken.

4. Die Zunahme wird nicht unter den Armen gestrickt, sondern beidseitig der äußeren Zöpfe der Vorderteile und beidseitig an den beiden mittleren Rückenzöpfen. Hier liegen die Zunahmen wieder nach den krausen M und vor den re M = 8 neue M pro Reihe. 3 R stricken.

5. Die Zunahme beidseitig der inneren Zöpfe der Vorderteile und beidseitig der äußeren Rückenzöpfe stricken. Hier liegen die Zunahmen wieder nach den krausen M und vor den re M = 8 neue M pro Reihe = 161(173)181(193) M.

Wenn das Körperteil unter den Ärmeln = 39 cm lang ist, zwischen den Zöpfen abketten, re über rechten M und li über linken M. Bei jedem Zopf 3 × 2 M re zus str und dabei gleichzeitig abketten.

Ärmel

Mit einer Strumpfnadel aus den M unter den Ärmeln 13(13)15(15) M herausstricken und dann Rundstricken: 5(3)7(5) M li – 1 M re – 3(4)4(5) M li – 6 M re – 3(4)4(5) M li – 1 M re – 3(4)4(5) M li – 6 M re -3(4)4(5) M li – 1 M re – 5(3)7(5) M li. Die ersten 6(6)7(7) M unter den Ärmeln li str. Mit einem Hilfsfaden eine Markierung setzen. An dieser Markierung beginnt die Runde. Weiter mit:

Reihe 1: 1 M re – 11(9)14(12) M li – 1 M re – 3(4)4(5) M li – A – 2 M re – 3(4)4(5) M li – 1 M re -3(4)4(5) M li –A – 2 M re – 3(4)4(5) M li – 1 M re – 1 M li. Wenden.

Reihe 2: 1 verschr U – 1 M re – 1 M li – 3(4)4(5) M re – 6 M li – 3(4)4(5) M re – 1 M li – 3(4)4(5) M re – 6 M li – 3(4)4(5) M re – 1 M li – 1 M re. Wenden.

Reihe 3: 1 verschr U – 1 M li – 1 M re – 3(4)4(5) M li – 6 M re – 3(4)4(5) M li – 1 M re – 3(4)4(5) M li – 6 M re – 1 M li. Wenden.

Reihe 4: 1 verschr. U – 1 M re – 6 M li – 3(4)4(5) M re – 1 M li – 3(4)4(5) M re – 6 M li – 1 M re. Wenden.

Reihe 5: 1 verschr U – 1 M li – 2 M re – B – 3(4)4(5) M li – 1 M re – 3(4)4(5) M li – 2 M re – B – 1 M li – U mit der nächsten M li zus str – 1(2)2(3) M li – 1 M re – 1 M li – U mit der nächsten M li zus str – 9(7)12(10) M li. Nun in Runden fortsetzen.

Runde 6: 1 M re – 9(7)12(10) M li – die nächste M mit dem U li zus str – 1 M li – 1 M re – 1(2)2(3) M li – die nächste M mit dem U li zus str – 1 M li – 6 M re – 3(4)4(5) M li – 1 M re – 3(4)4(5) M li – 6 M re – 3(4)4(5) M li – 1 M re – 11(9)14(12) M li.

Runde 7: 1 M re – 11(9)14(12) M li – 1 M re – 3(4)4(5) M li – 6 M re – 3(4)4(5) M li – 1 M re – 3(4)4(5) M li – 6 M re – 3(4)4(5) M li – 1 M re – 11(9)14(12) M li.

Runde 8: wie 7. Runde.

Runde 9: 1 M re – 11(9)14(12) M li – 1 M re – 3(4)4(5) M li – A – 2 M re – 3(4)4(5) M li – 1 M re – 3(4)4(5) M li – A – 2 M re – 3(4)4(5) M li – 1 M re – 11(9)14(12) M li.

Runde 10, 11 und 12: wie 7. Runde.

Runde 13: 1 M re – 11(9)14(12) M li – 1 M re – 3(4)4(5) M li –2 M re – B – 3(4)4(5) M li – 1 M re – 3(4)4(5) M li –2 M re – B – 3(4)4(5) M li – 1 M re – 11(9)14(12) M li.

Runde 14: wie 7. Runde.

In der nächsten Runde Abnahmen unter den Ärmeln stricken:
Am Anfang der Runde stricken: 1 M re – 2 M li zus. Am Ende der Runde die letzten 2 M li zus str. Diese Abnahme insg 6mal in jeder 10. R wdh = 38(38)46(46) M.

Die Runden 7 bis 14 wdh, und nach den Abnahmen auf das Muster achten.

Wenn die Ärmel = 42 cm gestrickt sind, über jedem Zopf 3 x 2 M re zus str = 32(32)40(40) M. Danach 8 Runden in Rippen 2 M re – 2 M li stricken. Abketten und den anderen Ärmel auf die gleiche Weise stricken.

Kragen
Von außen beide Vorderkanten an die Passe nähen. Von der Außenseite 4 M aus der Vorderkante stricken – 68(76)84(92) M aus der kürzeren Passenseite herausstricken. Die Knoten zählen. Am besten pro Knoten 1 M herausstricken. Aus der Vorderkante 4 M herausstricken.

Reihe 1: 1 M li abh – 1 M li ab – 1 M li – *2 M re – 2 M li*. Von * bis * wdh. Mit 1 M re enden.
Reihe 2: 1 M li abh – 1 M re abh – 1 M re – *2 M li – 2 M re*. Von * bis * wdh. Mit 1 M re enden.
Reihe 1 und 2 sollen wiederholt werden, aber schon in der nächsten Reihe 1 wird ein Knopfloch gearbeitet, dafür die letzten 5 M wie folgt stricken: 2 M re zus – 1 neue M anschlagen – 2 M li – 1 M re. Dieses Knopfloch nach 17 cm wdh. Danach noch 2 R str. Fest in Rippen abketten. Kragen = 21 cm.

Fertigstellung
Den Kragen nach innen falten und an die Anschlagkante nähen. Die äußeren Kragenkanten von außen zusammennähen. Rund um die Knopflöcher nähen, um sie zusammenzuhalten. Die Löcher zwischen Körper und Ärmel schließen. Die Fäden vernähen und die Knöpfe annähen.

Bärlauch

Kumulus Bärlauch Wasserlauf Wiese Kumulus Bärlauch Wasserlauf Wiese Kumulus Bärlauch Wasserlauf Wiese Kumulus Bärlauch Wasserlauf Wiese Kumulus Bärlauch Wasserlauf Wiese Kumulus Bärlauch Wasserlauf Wiese Kumulus Bärlauch Wasserlauf Wiese Kumulus Bärlauch Wasserlauf Wiese Kumulus Bärlauch Wasserlauf

Größen: S (M) L
Halbe Brustweite: 46(51)57 cm
Länge: 50(55)57 cm
Ärmellänge unter den Ärmeln: 46 cm

Material:
300(350)400 g Isager Alpaka 2 Farbe 018
5 g Spinni Farbe 0 für die Blütenknospen

Verwendete Nadel Nr. 3

Maschenprobe in kraus rechts:
10 cm = 27 M und 54 R
2 Reihen = 1 Rille

Der Pullover wird hin und her gestrickt.

Vorderteil

131(147)163 M mit Nadel Nr. 3 anschlagen.
Rückreihe: 1 M re – *1 M abheben mit dem Faden vor der Arbeit (= 1 M li abh) – 7(8)9 M re*. Von * bis * bis zum Reihenende wdh. Enden mit: 1 M abh – 1 M re.
Hinreihe : alle M re.
Diese 2 R wdh, bis an der Vorderseite 18(20)24 Rillen gestrickt sind. Nach einer Rückreihe enden.

Es gibt 17 hervorgehobene M = Stängel. Einige von ihnen entfallen später – sie werden die ganze Zeit mitgezählt. Stängel Nr. 5, 9, 13 und 17 markieren. Diese werden bis zum Halsausschnitt fortgesetzt.

75 cm Spinni bei jeder Blüte zus mit der Grundfarbe verstricken. Die 1. Blütereihe (Beschreibung in der Klammer) auf den Stängeln Nr. 3, 7, 11 und 15 stricken.

Blüte 1 und gleichzeitig 1. Taillenabnahme:
Reihe 1: 1 M re – *16(18)20 M re – (Knospe mit doppeltem Faden: 1 neue M verschr aus dem Querfaden zwischen 2 M herausstr – 1 M re – 1 neue M) – 13(15)17 M re – 2 M re verschr zus – 1 M re – 2 M re zus – 13(15)17 M re – Knospe – 15(17)19 M re*. Von * bis * wdh. Mit 2 M re enden = 127(143)159 M.
Reihe 2: 1 M re – *1 M li abh – 7(8)9 M re – 1 M li abh – 7(8)9 M re – (Knospe mit doppeltem Faden: 3 M li) – 7(8)9 M re – 1 M li abh – 6(7)8 M re – 1 M li abh – 6(7)8 M re – 1 M li abh – 7(8)9 M re – Knospe – 7(8)9 M re – 1 M li abh – 7(8)9 M re*. Von * bis * wdh. Mit 1 M li abh – 1 M re enden.
Reihe 3: 1 M re – *16(18)20 M re – (Knospe mit doppeltem Faden: 3 M re) – 29(33)37 M re – Knospe – 15(17)19 M re*. Von * bis * wdh. Mit 2 M re enden.
Reihe 4: wie Reihe 2.
Reihe 5: 1 M re – *16(18)20 M re – (Knospe mit doppeltem Faden: 1 neue M – 1 M re – 1 neue M) – 29(33)37 M re – Knospe – 15(17)19 M re. Von * bis * wdh. Mit 2 M re enden. Die Knospe besteht nun aus 5 M.
Reihe 6: 1 M re – *1 M li abh – 7(8)9 M re – 1 M li abh – 7(8)9 M re – (Knospe mit doppeltem Faden: 5 M li) – 7(8)9 M re – 1 M li abh – 6(7)8 M re – 1 M li abh – 6(7)8 M re – 1 M li abh – 7(8)9 M re – Knospe – 7(8)9 M re – 1 M li abh – 7(8)9 M re*. Von * bis * wdh. Mit 1 M li abh – 1 M re enden.
Reihe 7: 1 M re – *16(18)20 M re – (Knospe mit doppeltem Faden: 2 M re verschr zus – 1 M re – 2 M re zus) – 29(33)37 M re – Knospe – 15(17)19 M re*. Von * bis * wdh. Mit 2 M re enden.
Reihe 8: wie Reihe 2.
Reihe 9: 1 M re – *16(18)20 M re – (Knospe mit doppeltem Faden: 1 M re abh d.h. mit Faden hinter der Arbeit – 2 M re zus – die abgehobene M über die 2 zus gestr M heben) – 29(33)37 M re – Knospe – 15(17)19 M re.* Von * bis * wdh. Mit 2 M re enden. Ab hier mit einfachem Faden stricken.
Reihe 10: 1 M re – *1 M li abh – 7(8)9 M re – 1 M li abh – 7(8)9 M re – (Knospe mit einfachem Faden: 1 M li) – 7(8)9 M re – 1 M li abh – 6(7)8 M re – 1 M li abh – 6(7)8 M re – 1 M li abh – 7(8)9 M re – Knospe – 7(8)9 M re – 1 M li abh – 7(8)9 M re*. Von * bis * wdh. Mit 1 M li abh – 1 M re enden.

Die Stängel Nr 2, 8, 10 und 16 markieren.

Stängel verzopfen
Reihe 1: 1 M re – *8(9)10 M re – (die zweite M hintenherum vor der 1. M str – diese auf der li Nd liegen lassen. Die 1. M str – beide M von der li Nd heben) – 43(49)55 M re – (danach die 2. M vorne herum vor der 1. M str – diese auf der li Nd liegen lassen – hintenherum die 1. M str – beide M von der li Nd heben) – 7(8)9 M re*. Von * bis * wdh. Mit 2 M re enden.
Reihe 2: 1 M re – *1 M li abh – 8(9)10 M re – 1 M li abh – 14(16)18 M re – 1 M li abh – 6(7)8 M re – 1 M li abh – 6(7)8 M re – 1 M li abh – 14(16)18 M re – 1 M li abh – 8(9)10 M re*. Von * bis * wdh. Mit 1 M li abh – 1 M re enden.
Reihe 3: alle M re.
Reihe 4: wie Reihe 2.
Reihe 5: alle M re.
Reihe 6: wie Reihe 2.
Reihe 7: 1 M re – *9(10)11 M re – (die 2. M hintenherum vor der 1. M str) – 41(47)53 M re – (die 2. M vorne herum vor der 1. M str) – 8(9)10 M re*. Von * bis * wdh. Mit 2 M re enden.
Reihe 8: 1 M re – *1 M li abh – 9(10)11 M re – 1 M li abh – 13(15)17 M re – 1 M li abh –

6(7)8 M re – 1 M li abh – 6(7)8 M re – 1 M li abh – 13(15)17 M re – 1 M li abh – 9(10)11 M re*. Von * bis * wdh. Mit 1 M abh – 1M re enden.
Reihe 9: alle M re.
Reihe 10: wie Reihe 8.
Reihe 11: 1 M re – *10(11)12 M re – (die 2. M hintenherum vor der 1. M str) – 39(45)51 M re – (die 2. M vorne herum vor der 1. M str) – 9(10)11 M re*. Von * bis * wdh. Mit 2 M re enden.
Reihe 12: 1 M re – *1 li M abh – 10(11)12 M re – 1 M li abh – 12(14)16 M re – 1 M li abh – 6(7)8 M re – 1 M li abh – 6(7)8 M re – 1 M li abh – 12(14)16 M re – 1 M li abh – 10(11)12 M re*. Von * bis * wdh. Mit 1 M li abh – 1 M re enden.
Reihe13: alle M re.
Reihe 14: wie Reihe 12.

2. Taillenabnahme:
Reihe 15: 1 M re – *11(12)13 M re – (die 2. M hintenherum vor der 1. M str) – 16(19)22 M re – 2 M re verschr zus – 1 M re – 2 M re zus – 16(19)22 M re – (die 2. M vorne herum vor der 1. M str) – 10(11)12 M re*. Von * bis * wdh. Mit 2 M re enden = 123(139)155 M.
Reihe 16: 1 M re – *1 M li abh – 11(12)13 M re – 1 M li abh – 11(13)15 M re – 1 M li abh – 5(6)7 M re – 1 M li abh – 5(6)7 M re – 1 M li abh – 11(13)15 M re – 1 M li abh – 11(12)13 M re*. Von * bis * wdh. Mit 1 M li abh – 1 M re enden.
Reihe 17: 1 M re – *12(13)14 M re – (die 2. M hintenherum vor der 1. M str) – 33(39)45 M re – (die 2. M vorne herum vor der 1. M str) – 11(12)13 M re*. Von * bis * wdh. Mit 2 M re enden.
Reihe 18: 1 M re – *1 M li abh – 12(13)14 M re – 1 M li abh – 10(12)14 M re – 1 M li abh – 5(6)7 M re – 1 M li abh – 5(6)7 M re – 1 M li abh – 10(12)14 M re – 1 M li abh – 12(13)14 M re*. Von * bis * wdh. Mit 1 M li abh – 1 M re enden.
Reihe 19: alle M re.
Reihe 20: wie Reihe 18.
Reihe 21: 1 M re – *13(14)15 M re – (die 2. M hintenherum vor der 1. M str) – 31(37)43 M re – (die 2. M vorne herum vor der 1. M str) – 12(13)14 M re*. Von * bis * wdh. Mit 2 M re enden.
Reihe 22: 1 M re – *1 M li abh – 13(14)15 M re – 1 M li abh – 9(11)13 M re – 1 M li abh – 5(6)7 M re – 1 M li abh – 5(6)7 M re – 1 M li abh – 9(11)13 M re – 1 M li abh – 13(14)15 M re*. Von * bis * wdh. Mit 1 li M abh – 1 M re enden.
Reihe 23: alle M re.
Reihe 24: wie Reihe 22.

Größe S:
Reihe 25: alle M re.
Reihe 26: wie Reihe 22.
Reihe 27: 1 M re – *14 M re – (die 2. M hintenherum vor der 1. M str) – 29 M re – (die 2. M vorne herum vor der 1. M str) –13 M re*. Von * bis * wdh. Mit 2 M re enden.
Reihe 28: 1 M re – *1 M li abh – 14 M re – 1 M li abh – 8 M re – 1 M li abh – 5 M re – 1 M li abh – 5 M re – 1 M li abh – 8 M re – 1 M li abh – 14 M re*. Von * bis * wdh. Mit 1 M li abh – 1 M re enden. Bei Blüte 2 weiterlesen.

Größe (M) und L:
Reihe 25: 1 M re – *(15)16 M re – (die 2. M hintenherum vor der 1. M str) – (35)41 M re – (die 2. M vorne herum vor der 1. M str) – (14)15 M re*. Von * bis * wdh. Mit 2 M re enden.
Reihe 26: 1 M re – *1 M li abh – (15)16 M re – 1 M li abh – (10)12 M re – 1 M li abh – (6)7 M re – 1 M li abh – (6)7 M re – 1 M li abh – (10)12 M re – 1 M li abh – (15)16 M re*. Von * bis * wdh. Mit 1 M li abh – 1 M re enden.
Reihe 27: alle M re.
Reihe 28: wie Reihe 26.

Größe (M):
Reihe 29: alle M re.
Reihe 30: wie Reihe 26.
Reihe 31: 1 M re – *(16) M re – (die 2. M hintenherum vor der 1. M str) – (33) M re – (die 2. M vorne herum vor der 1. M str) – (15) M re*. Von * bis * wdh. Mit 2 M re enden.
Reihe 32: 1 M re – *1 M li abh – (16) M re – 1 M li abh – (9) M re – 1 M li abh – (6) M re – 1 M li abh – (6) M re – 1 M li abh – (9) M re – 1 M li abh – (16) M re*. Von * bis * wdh. Mit 1 M li abh – 1 M re enden. Bei Blüte 2 weiterlesen.

Größe L:
Reihe 29: 1 M re – *17 M re – (die 2. M hintenherum vor der 1. M str) – 39 M re – (die 2. M vorne herum vor der 1. M str) – 16 M re*. Von * bis * wdh. Mit 2 M re enden.
Reihe 30: 1 M re – *1 M li abh – 17 M re – 1 M li abh – 11 M re – 1 M li abh – 7 M re – 1 M li abh – 7 M re – 1 M li abh – 11 M re – 1 M li abh – 17 M re*. Von * bis * wdh. Mit 1 M li abh – 1 M re enden.
Reihe 31: alle M re.
Reihe 32: wie Reihe 30.
Reihe 33: alle M re.
Reihe 34: wie Reihe 30.
Reihe 35: 1 M re – *18 M re – (die 2. M hintenherum vor der 1. M str) – 37 M re – (die 2. M vorne herum vor der 1. M str) – 17 M re*. Von * bis * wdh. Mit 2 M re enden.
Reihe 36: 1 M re – *1 M li abh – 18 M re – 1 M li abh – 10 M re – 1 M li abh – 7 M re – 1 M li abh – 7 M re – 1 M li abh – 10 M re – 1 M li abh – 18 M re*. Von * bis * wdh. Mit 1 M li abh – 1 M re enden. Bei Blüte 2 weiterlesen.

Blüte 2 und gleichzeitig 3. Taillenabnahme:

Reihe 1: 1 M re – *15(17)19 M re – (Knospe mit doppeltem Faden: 1 neue M – 1 M re – 1 neue M) – 12(14)16 M re – 2 M re verschr zus – 1 M re – 2 M re zus – 12(14)16 M re – Knospe – 14(16)18 M re*. Von * bis * wdh. Mit 2 M re enden = 119(135)151 M.

Reihe 2: 1 M re – *1 M li abh – 14(16)18 M re – (Knospe mit doppeltem Faden: 3 M li) – 8(9)10 M re – 1 M li abh – 4(5)6 M re – 1 M li abh 4(5)6 M re – 1 M li abh – 8(9)10 M re – Knospe – 14(16)18 M re*. Von * bis * wdh. Mit 1 M li abh – 1 M re enden.

Reihe 3: 1 M re – *15(17)19 M re – (Knospe mit doppeltem Faden: 3 M re) – 27(31)35 M re – Knospe – 14(16)18 M re. Von * bis * wdh. Mit 2 M re enden.

Reihe 4: wie Reihe 2.

Reihe 5: 1 M re – *15(17)19 M re – (Knospe mit doppeltem Faden: 1 M re – 1 neue M – 1 M re – 1 neue M – 1 M re) – 27(31)35 M re – Knospe – 14(16)18 M re*. Von * bis * wdh. Mit 2 M re enden.

Reihe 6: 1 M re – *1 M li abh – 14(16)18 M re – (Knospe mit doppeltem Faden: 5 M li) – 8(9)10 M re – 1 M li abh – 4(5)6 M re – 1 M li abh – 4(5)6 M re – 1 M li abh – 8(9)10 M re – Knospe – 14(16)18 M re*. Von * bis * wdh. Mit 1 M li abh – 1 M re enden.

Reihe 7: 1 M re – *15(17)19 M re – (Knospe mit doppeltem Faden: 2 M re verschr zus – 1 M re – 2 M re zus) – 27(31)35 M re – Knospe – 14(16)18 M re*. Von * bis * wdh. Mit 2 M re enden.

Reihe 8: wie Reihe 2.

Reihe 9: 1 M re – *15(17)19 M re – (Knospe mit doppeltem Faden: 1 M re abh mit Faden hinter der Arbeit – 2 M re zus – die abgehobene M über die 2 zus gestr M heben) – 27(31)35 M re – Knospe – 14(16)18 M re*. Von * bis * wdh. Mit 2 M re enden. Ab hier mit einfachem Faden stricken.

Reihe 10: 1 M re – *1 M li abh – 14(16)18 M re – (Knospe mit einfachem Faden: 1 M li) – 8(9)10 M re – 1 M li abh – 4(5)6 M re – 1 M li abh – 4(5)6 M re – 1 M li abh – 8(9)10 M re – Knospe – 14(16)18 M re*. Von * bis * wdh. Mit 1 M li abh – 1 M re enden.

Die Stängel Nr. 4, 6, 12 und 14 markieren.

Reihe 1: 1 M re – *23(26)29 M re – (die 2. M vorne herum vor der 1. M str) – 9(11)12 M re – (die 2. M hintenherum vor der 1. M str) – 22(25)28 M re*. Von * bis * wdh. Mit 2 M re enden.

Reihe 2: 1 M re – *1 M li abh – 22(25)28 M re – 1 M li abh – 5(6)7 M re – 1 M li abh – 5(6)7 M re – 1 M li abh – 22(25)28 M re*. Von * bis * wdh. Mit 1 M li abh – 1 M re enden.

Reihe 3: alle M re.

Reihe 4: wie Reihe 2.

Reihe 5: alle M re.

Reihe 6: wie Reihe 2.

Reihe 7: 1 M re – *22(25)28 M re – (die 2. vorne herum vor der 1. M str) – 11(13)15 M re – (die 2. M hintenherum vor der 1. M str) – 21(24)27 M re*. Von * bis * wdh. Mit 2 M re enden.

Reihe 8: 1 M re – *1 M li abh – 21(24)27 M re – 1 M li abh – 6(7)8 M re – 1 M li abh – 6(7)8 M re – 1 M li abh – 21(24)27 M re*. Von * bis * wdh. Mit 1 M li abh – 1 M re enden.

Reihe 9: alle M re.

Reihe 10: wie Reihe 8.

Reihe 11: 1 M re – *21(24)27 M re – (die 2. M vorne herum vor der 1. M str) – 13(15)17 M re – (die 2. M hintenherum vor der 1. M str) – 20(23)26 M re*. Von * bis * wdh. Mit 2 M re enden.

Reihe 12: 1 M re – *1 M li abh – 20(23)26 M re – 1 M li abh – 7(8)9 M re – 1 M li abh – 7(8)9 M re – 1 M li abh – 20(23)26 M re*. Von * bis * wdh. Mit 1 M li abh – 1 M re enden.

Reihe 13: alle M re.

Reihe 14: wie Reihe 12.

Reihe 15: 1 M re – *20(23)26 M re – (die 2. M vorne herum vor der 1. M str) – 15(17)19 M re – (die 2. M hintenherum vor der 1. M str) – 19(22)25 M re*. Von * bis * wdh. Mit 2 M re enden.

Reihe 16: 1 M re – *1 M li abh – 19(22)25 M re – 1 M li abh – 8(9)10 M re – 1 M li abh – 8(9)10 M re – 1 M li abh – 19(22)25 M re*. Von * bis * wdh. Mit 1 M li abh – 1 M re enden.

Reihe 17: 1 M re – *19(22)25 M re – (die 2. M vorne herum vor der 1. M str) – 17(19)21 M re – (die 2. M hintenherum vor der 1. M str) – 18(21)24 M re*. Von * bis * wdh. Mit 2 M re enden.

Reihe 18: 1 M re – *1 M li abh – 18(21)24 M re – 1 M li abh – 9(10)11 M re – 1 M li abh – 9(10)11 M re – 1 M li abh – 18(21)24 M re*. Von * bis * wdh. Mit 1 M li abh – 1 M re enden.

Reihe 19: alle M re.

Reihe 20: wie Reihe 18.

Reihe 21: 1 M re – *18(21)24 M re – (die 2. M vorne herum vor der 1. M str) – 19(21)23 M re – (die 2. M hintenherum vor der 1. M str) – 17(20)23 M re*. Von * bis * wdh. Mit 2 M re enden.

Reihe 22: 1 M re – *1 M li abh – 17(20)23 M re – 1 M li abh – 10(11)12 M re – 1 M li abh – 10(11)12 M re – 1 M li abh – 17(20)23 M re*. Von * bis * wdh. Mit 1 M li abh – 1 M re enden.

Reihe 23: alle M re.

Reihe 24: wie Reihe 22.

Größe S:

Reihe 25: alle M re.

Reihe 26: wie Reihe 22.

Reihe 27: 1 M re – *17 M re – (die 2. M vorne

herum vor der 1. M str) – 21 M re – (die 2. M hintenherum vor der 1. M str) – 16 M re*. Von * bis * wdh. Mit 2 M re enden.

Reihe 28: 1 M re – *1 M li abh – 16 M re – 1 M li abh –11 M re – 1 M li abh – 11 M re – 1 M li abh – 16 M re*. Von * bis * wdh. Mit 1 M li abh – 1 M re enden.

Reihe 29: 1 M re – *16 M re – (die 2. M vorne herum vor der 1. M str) – 23 M re – (die 2. M hintenherum vor der 1. M str) – 15 M re*. Von * bis * wdh. Mit 2 M re enden.

Reihe 30: 1 M re – *1 M li abh – 15 M re – 1 M li abh –12 M re – 1 M li abh – 12 M re – 1 M li abh – 15 M re*. Von * bis * wdh. Mit 1 M li abh – 1 M re enden.

Reihe 31: 1 M re – *15 M re – (die 2. M vorne herum vor der 1. M str) – 25 M re – (die 2. M hintenherum vor der 1. M str) – 14 M re*. Von * bis * wdh. Mit 2 M re enden.

Reihe 32: 1 M re – *1 M li abh – 14 M re – 1 M li abh –13 M re – 1 M li abh – 13 M re – 1 M li abh – 14 M re*. Von * bis * wdh. Mit 1 M li abh – 1 M re enden. Bei Blüte 3 weiterlesen.

Größe (M) und L:

Reihe 25: 1 M re – *(20)23 M re – (die 2. M vorne herum vor der 1. M str) – (23)25 M re – (die 2. M hintenherum vor der 1. M str) – (19)22 M re*. Von * bis * wdh. Mit 2 M re enden.

Reihe 26: 1 M re – *1 M li abh – (19)22 M re – 1 M li abh – (12)13 M re – 1 M li abh – 12(13) M re – 1 M li abh – (19)22 M re*. Von * bis * wdh. Mit 1 M li abh – 1 M re enden.

Reihe 27: alle M re.
Reihe 28: wie Reihe 26.

Größe (M):

Reihe 29: alle M re.
Reihe 30: wie Reihe 26.
Reihe 31: 1 M re – *(19) M re – (die 2. M vorne herum vor der 1. M str) – (25) M re – (die 2. M hintenherum vor der 1. M str) – (18) M re*. Von * bis * wdh. Mit 2 M re enden.

Reihe 32: 1 M re – *1 M li abh – (18) M re – 1 M li abh – (13) M re – 1 M li abh – (13) M re – 1 M li abh – (18) M re*. Von * bis * wdh. Mit 1 M li abh – 1 M re enden.

Reihe 33: 1 M re – *(18) M re – (die 2. M vorne herum vor der 1. M str) – (27) M re – (die 2. M hintenherum vor der 1. M str) – (17) M re*. Von * bis * wdh. Mit 2 M re enden.

Reihe 34: 1 M re – *1 M li abh – (17) M re – 1 M li abh – (14) M re – 1 M li abh – (14) M re – 1 M li abh – (17) M re*. Von * bis * wdh. Mit 1 M li abh – 1 M re enden.

Reihe 35: 1 M re – *(17) M re – (die 2. M vorne herum vor der 1. M str) – (29) M re – (die 2. M hintenherum vor der 1. M str) – (16) M re*. Von * bis * wdh. Mit 2 M re enden.

Reihe 36: 1 M re – *1 M li abh – (16) M re – 1 M li abh – (15) M re – 1 M li abh – (15) M re – 1 M li abh – (16) M re*. Von * bis * wdh. Mit 1 M li abh – 1 M re enden. Bei Blüte 3 weiterlesen.

Größe L:

Reihe 29: 1 M re – *22 M re – (die 2. M hintenherum vor der 1. M str) – 27 M re – (die 2. M vorne herum vor der 1. M str) – 21 M re*. Von * bis * wdh. Mit 2 M re enden.

Reihe 30: 1 M re – *1 M li abh – 21 M re – 1 M li abh –14 M re – 1 M li abh – 14 M re – 1 M li abh – 21 M re*. Von * bis * wdh. Mit 1 M li abh – 1 M re enden.

Reihe 31: alle M re.
Reihe 32: wie Reihe 30.
Reihe 33: 1 M re – *21 M re – (die 2. M hintenherum vor der1. M str) – 29 M re – (die 2. M vorne herum vor der 1. M str) – 20 M re*. Von * bis * wdh. Mit 2 M re enden.

Reihe 34: 1 M re – *1 M li abh – 20 M re – 1 M li abh –15 M re – 1 M li abh – 15 M re – 1 M li abh – 20 M re*. Von * bis * wdh. Mit 1 M li abh – 1 M re enden.

Reihe 35: alle M re.
Reihe 36: wie Reihe 34.
Reihe 37: 1 M re – *20 M re – (die 2. M hintenherum vor der 1. M str) – 31 M re – (die 2. M vorne herum vor der 1. M str) – 19 M re*. Von * bis * wdh. Mit 2 M re enden.

Reihe 38: 1 M re – *1 M li abh – 19 M re – 1 M li abh –16 M re – 1 M li abh – 16 M re – 1 M li abh – 19 M re*. Von * bis * wdh. Mit 1 M li abh – 1 M re enden.

Reihe 39: 1 M re – *19 M re – (die 2. M hintenherum vor der 1. M str) – 33 M re – (die 2. M vorne herum vor der 1. M str) – 18 M re*. Von * bis * wdh. Mit 2 M re enden.

Reihe 40: 1 M re – *1 M li abh – 18 M re – 1 M li abh – 17 M re – 1 M li abh – 17 M re – 1 M li abh – 18 M re*. Von * bis * wdh. Mit 1 M li abh – 1 M re enden. Bei Blüte 3 weiterlesen.

Blüte 3 und gleichzeitig 1. Zunahme nach der Taille:

Reihe1: 1 M re – *15(17)19 M re – (Knospe mit doppeltem Faden: 1 neue M – 1 M re – 1 neue M) – 13(15)17 M re – 1 neue M – 1 M re – 1 neue M – 13(15)17 M re – Knospe – 14(16)18 M re*. Von * bis * wdh. Mit 2 M re enden = 123(139)155 M.

Reihe 2: 1 M re – *1 M li abh – 14(16)18 M re – (Knospe mit doppeltem Faden: 3 M li) – 14(16) 18 M re – 1 M li abh – 14(16)18 M re – Knospe – 14(16)18 M re*. Von * bis * wdh. Mit 1 M li abh – 1 M re enden.

Reihe 3: 1 M re – *15(17)19 M re – (Knospe mit doppeltem Faden: 3 M re) – 29(33)37 M re – Knospe – 14(16)18 M re – Von * bis * wdh.

Mit 2 M re enden.
Reihe 4: wie Reihe 2.
Reihe 5: 1 M re – 15(17)19 M re – (Knospe mit doppeltem Faden: 1 M re – 1 neue M – 1 M re – 1 neue M – 1 M re) – 29(33)37 M re – Knospe – 29(33)37 M re – Knospe – 29(33)37 M re – Knospe – 16(18)20 M re.
Reihe 6: 1 M re – *1 M li abh – 14(16)18 M re – (Knospe mit doppeltem Faden: 5 M li) – 14(16)18 M re – 1 M li abh – 14(16)18 M re – Knospe – 14(16)18 M re*. Von * bis * wdh. Mit 1 M li abh – 1 M re enden.
Reihe 7: 1 M re – *15(17)19 M re – (Knospe mit doppeltem Faden: 2 M re verschr zus – 1 M re – 2 M re zus) – 29(33)37 M re – Knospe – 14(16)18 M re*. Von * bis * wdh. Mit 2 M re enden.
Reihe 8: wie Reihe 2.
Reihe 9: 1 M re – *15(17)19 M re – (Knospe mit doppeltem Faden: 1 M re abh mit Faden hinter der Arbeit – 2 M re zus – die abgehobene M über die 2 zus gestr M heben) – 29(33)37 M re – Knospe – 14(16)18 M re*. Von * bis * wdh. Mit 2 M re enden.
Reihe 10: 1 M re – *1 M li abh – 14(16)18 M re – (Knospe mit einfachem Faden: 1 M li) – 14(16)18 M re – 1 M li abh – 14(16)18 M re – Knospe – 14(16)18 M re*. Von * bis * wdh. Mit 1 M li abh – 1 M re enden.

Hinreihe: alle M re
Rückreihe: 1 M re – *1 M li abh – 29(33)37 M re – 1 M li abh – 29(33)37 M re*. Von * bis * wdh. Mit 1 M li abh – 1 M re enden.

2. Zunahme nach der Taille 4(7)7 Rillen nach der letzten Blüte str (nur am Vorderteil).

Hinreihe: 31(35)39 M re – 1 neue M – 1 M re – 1 neue M – 59(67)75 M re – 1 neue M – 1 M re – 1 neue M – 31(35)39 M re.
Danach stricken:
Hinreihen: alle M re.
Rückreihen: 1 M re – *1 M li abh – 30(34)38 M re – 1 M li abh – 30(34)38 M re*. Von * bis * wdh. Mit 1 M li abh – 1 M re enden.

3. Zunahme nach der Taille 13(17)19 Rillen nach der letzten Blüte str (nur am Vorderteil).
Hinreihe: 32(36)40 M re – 1 neue M – 1 M re – 1 neue M – 61(69)77 M re – 1 neue M – 1 M re – 1 neue M – 32(36)40 M re.
Danach stricken:
Hinreihen: alle M re.
Rückreihen: 1 M re – *1 M li abh – 31(35)39 M re – 1 M li abh – 31(35)39 M re*. Von * bis * wdh. Mit 1 M li abh – 1 M re enden.

Für das Vorderteil 30(34)37 cm stricken. Mit einer Rückreihe enden. Am Beginn der nächsten 2 Reihen 4(5)6 M abketten = 123(137)151 M. Faden abschneiden.

Rücken
Wie das Vorderteil str, aber die 2. und 3. Zunahme nach der Taille auslassen.

Ärmel
67(75)83 M anschlagen.
Wie beim Vorderteil str bis auf der Vorderseite 5 Rillen sind. Mit einer Rückreihe enden.
BLÜTE 1 über Stängel Nr. 3 und 7 str.

Dem Muster der Stängel mit Abnahmen und Zunahmen wie beim Körper folgen, bis einschließlich Blüte 3. Unmittelbar nach der 3. Blüte in einer Hinreihe, am Anfang und am Ende des Ärmels, Zunahmen str, d.h. nach den ersten 2 M und vor den letzten 2 M aus dem Querfaden 1 verschr M herausstr. Die Stängel in der Mitte und an beiden Seiten beibehalten. Die Zunahmen in jeder 6. Rille wdh bis es 89(95)101 M sind.
Weiterstricken bis der Ärmel 46 cm = 124 Rillen misst. Mit einer Rückreihe enden. Am Beginn der nächsten 2 R 4(5)6 M abketten = 81(85)89 M. Faden abschneiden.
Den anderen Ärmel auf die gleiche Weise str, aber den Faden nicht abschneiden.

Raglan
Alle Teile zusammensetzen. Am Übergang vom Rücken zu einem Ärmel bleibt eine Naht.

80(84)88 Ärmelmaschen re str – die letzte M mit der ersten M des Vorderteiles zus str – 121(135)149 M re – letzte M mit erster M des nächsten Ärmels zus str – 79(83)87 M re – letzte M mit der ersten M des Rückens zus str – 114(128)142 M re – am Ende der R eine neue M für das spätere Zusammennähen aufnehmen. Rückreihe im Muster str. Die 2. M nicht str, sondern li abh, sie bildet einen Stängel. Die 2 zusammengestrickten M am Übergang des Körpers zu den Ärmeln in einer Rückreihe auch nicht str, sondern li abh, sie bilden Stängel.
5 R = 3 Rillen stricken.
In den Hinreihen am Beginn der R und an jeder Seite der Stängel Abnahmen str, außer an den Stängeln in der Ärmelmitte.
Vor einem Stängel 2 M verschr zus str. Nach der Rechtsmasche 2 M zus str.
Vor und nach den Stängeln am ÄRMEL die Ab-

nahmen in jeder 2. Rille wdh. Zusätzlich am 1. Ärmel am Beginn der R abnehmen. KEINE Abnahme in der Ärmelmitte str.
Vor und nach den Stängeln am KÖRPER die Abnahmen in jeder 4. Rille wdh.

Wenn am Vorderteil vorne zwischen den Stängeln 19 M sind, am Ende der nächsten Rückreihe 2 M re zusammenstricken. Den Faden abschneiden.

Halsausschnitt

Die M bleiben auf der Nadel, anstatt sie abzuketten. Für die Halskante wird mit ihnen weitergestrickt. Den Reihenanfang auf 2 M nach dem mittleren Stängel am Vorderteil verrücken. Es ist notwendig die M auf den Nadeln zu verrücken, ohne sie zu stricken.

Mit einer Hinreihe beginnen. Eine neue M anschlagen und ab 2 M nach dem mittleren Stängel str. Rücken und Ärmel zusammenfassen, indem die letzte Rückenmasche mit der 1. Ärmelmasche re zusgestrickt wird. Weiter über den Ärmel und das Vorderteil str bis zu 2 M vor dem mittleren Stängel am Vorderteil = 5 M werden nicht gestrickt. Wenden. Einen verschr U.

Im Muster mit Stängeln zurückstr bis 4 M vor Reihenbeginn der letzten R. Es sind dann 4 weitere M, die nicht gestrickt werden. Wenden. 1 verschr U.
Re mit Abnahmen an den Ärmeln stricken bis 4 M + U vor der letzten Wende. Wenden. 1 verschr U.
Im Muster zurückstr bis 4 M + U vor der letzten Wende. Wenden. 1 verschr U.
Re bis 4 M + U vor der letzten Wende stricken. Wenden. 1 verschr U.
Im Muster zurückstr bis 3 M + U vor der letzten Wende. Wenden. 1 verschr U.
Re mit Abnahmen am Körper und an den Ärmeln stricken bis 3 M + U vor der letzten Wende. Wenden. 1 verschr U.
Im Muster zurückstr bis 3 M + U vor der letzten Wende. Wenden. 1 verschr U.
Re bis 3 M + U vor der letzten Wende stricken. Wenden. 1 verschr U.
Im Muster zurückstr bis 3 M + U vor der letzten Wende. Wenden. 1 verschr U.
Re mit Abnahmen an den Ärmeln stricken bis 3 M + U vor der letzten Wende. Wenden. 1 verschr U.
Im Muster zurückstr bis 2 M + U vor der letzten Wende. Wenden. 1 verschr U.
Re bis 2 M + U vor der letzten Wende stricken. Wenden. 1 verschr U.
Im Muster zurückstr bis 1 M + U vor der letzten Wende. Wenden. 1 verschr U.
Re mit Abnahmen am Körper und an den Ärmeln stricken bis 1 M + U vor der letzten Wende.
Nun ragen die Stängel des Vorderteils bis an den Hals. Danach die Abnahmen in der Ärmelmitte auch in jeder 4. Rille vornehmen. Wenden. 1 verschr U.
Im Muster zurückstr bis 1 M + U vor der letzten Wende. Wenden. 1 verschr U.
Re bis 1 M + U vor der letzten Wende stricken. Wenden. 1 verschr U.
Im Muster zurückstr bis 1 M + U vor der letzten Wende. Wenden. 1 verschr U.
Re mit Abnahmen an den Ärmeln stricken bis 1 M + U vor der letzten Wende. Wenden. 1 verschr U.
Im Muster zurückstr bis 1 M + U vor der letzten Wende. Wenden. 1 verschr U.
Re bis 1 M + U vor der letzten Wende stricken. Wenden. 1 verschr U.
Im Muster bis zum U vor der letzten Wende str. U mit folgender M zus str – den nächsten U mit der folgenden M vor der letzten Wende zusammenstr. Dies wdh, aber dabei darauf achten, dass der U vor einem Stängel mit diesem li verschr zus gestrickt wird. Bis zu den 5 mittleren M vorne am Halsausschnitt fortsetzen, die U re zus zu stricken. Die neu aufgeschlagene M am Beginn des Halsausschnittes liegt vor den 5 Mittelmaschen und wird mit der ersten der 5 Mittelmaschen zusgestrickt – 1 M re – den Stängel abheben und aus dem Querfaden zwischen den M 1 neue M re verschr herausstricken. Wenden.
Die erste M mit dem Faden vor der Arbeit abheben. Über Ärmel und Rücken re stricken bis zum U auf der anderen Seite des Halsausschnittes. U mit nächster M re zus stricken. Vor der neuen M am Reihenbeginn enden. Für die V-Ausschnittöffnung 3 neue M aufstricken hinten aus den 3 M am Reihenbeginn (= 1 M aus der neuen M, Stängel + 1 weitere M). Die 3 neuen M aus der Rille der vorherigen Rechtsreihe str. Eine Markierung zwischen den neuen M und den M am Reihenende setzen, denn in der ersten R ist das Ende der Runde nicht gut zu erkennen.

Wenden und im Muster zurückstricken. Am Beginn aller R die erste M li abh. Nächste M mit dem Faden hinter der M abheben = Stängel.
In der nächsten Hinreihe die Abnahmen vor und nach allen folgenden Stängeln stricken – auch die 2 mittleren vorne am V-Schlitz. Am Übergang von Körper und Ärmeln, dort wo die Stängel dicht aneinander liegen keine Abnahmen zwischen den Stängeln, sondern nur außerhalb der Stängel. Diese Abnahmen in jeder 2. Rille wdh, bis die Halskante 7 Rillen hoch ist.

Von der rechten Seite locker abketten.

Ausarbeitung

Die Ärmel und die Seitennähte von außen zusammennähen. Die Öffnung im Raglan zusam-

Wasserlauf

Kumulus Bärlauch Wasserlauf Wiese Kumulus Bärlauch Wasserlauf Wiese Kumulus Bärlauch Wasserlauf Wiese
Wasserlauf Wiese Kumulus Bärlauch Wasserlauf Wiese Kumulus Bärlauch Wasserlauf Wiese Kumulus Bärlauch W
Bärlauch Wasserlauf Wiese Kumulus Bärlauch Wasserlauf Wiese Kumulus Bärlauch Wasserlauf Wiese Kumulus
Wiese Kumulus Bärlauch Wasserlauf Wiese Kumulus Bärlauch Wasserlauf Wiese Kumulus Bärlauch Wasserlauf
Wasserlauf Wiese Kumulus Bärlauch Wasserlauf Wiese Kumulus Bärlauch Wasserlauf Wiese Kumulus Bärlauch W
Bärlauch Wasserlauf Wiese Kumulus Bärlauch Wasserlauf Wiese Kumulus Bärlauch Wasserlauf Wiese Kumulus
Wiese Kumulus Bärlauch Wasserlauf Wiese Kumulus Bärlauch Wasserlauf Wiese Kumulus Bärlauch Wasserlauf

Herrengrößen: S (M) L (XL)

Halbe Brustweite: 55(60)65(69) cm
Halbe Hüftweite: 46(50)54(58) cm
Länge: 63(66)68(70) cm
Ärmellänge unter den Ärmeln: 49 cm

Material:

550(600)600(650) g Isager Alpaka 2 Farbe 020
200 g Isager Alpaka 1 Farbe 402.
Isager Alpaka 2 mit doppeltem Faden stricken.
Die drei Fäden zusammen verstricken.

Verwendete Nadel Nr. 4½
Für Halsrand: Ärmelnadeln Nr. 4

Maschenprobe im Muster:
32 Maschen anschlagen und in Größe S von Reihe 1 – Reihe 12 stricken.
Das Muster 3mal stricken. Abketten.
Maschenprobe: 15 cm breit und 14 cm hoch.

Rücken

91(99)107(115)M anschlagen.
1. R: 1 M re – 1 M li – 1 M re –*1 M li – 1(2)3(4) M re – 3 M li – 3 M re – 2 M li – 2 M re – 2 M li – 3 M re – 3 M li – 1(2)3(4) M re*. Von * bis * wdh. Enden mit: 1 M li – 1 M re – 1 M li – 1 M re.
2. R: 2 M re – 1 M li – *1 M re – 1(2)3(4) M li – 3 M re – 3 M li – 2 M re – 2 M li – 2 M re – 3 M li – 3 M re – 1(2)3(4) M li*. Von * bis * wdh. Enden mit: 1 M re – 1 M li – 2 M re.
1. R und 2. R wdh bis 6(7)7(8) cm gestrickt sind. Nach einer 1. R enden.

Die 2. R mit Zunahmen stricken: 2 M re – 1 M li – *1 M re – 1(2)3(4) M li – 1 neue M re verschr aus dem Querfaden zwischen den M herausstr – 3 M re – 3 M li – 1 neue M – 2 M re – 2 M li – 2 M re – 1 neue M – 3 M li – 3 M re – 1 neue M – 1(2)3(4) M li*. Von * bis * wdh. Mit 1 M re – 1 M li – 2 M re enden.

Muster

A = 3 M auf eine Hilfsnadel vor die Arbeit setzen, ohne sie zu str – die nächsten 3 M re str – dann die 3 M der Hilfsnadel re str.

B = 3 M auf eine Hilfsnadel hinter die Arbeit setzen, ohne sie zu str – die nächsten 3 M re str – dann die 3 M der Hilfsnadel re stricken.

Reihe 1: 1 M re – 1 M li – (# = hier werden nach den Zunahmen mehrere Rechtsmaschen sein) – 1 M re – *1 M li – 2(3)4(5) M re – 3 M li – 4 M re – 6 M li – 4 M re – 3 M li – 2(3)4(5) M re*. Von * bis * wdh. Enden mit: 1 M li – 1 M re – # – 1 M li – 1M re.

Reihe 2: 2 M re – (∞ = hier werden nach den Zunahmen mehrere Linksmaschen sein) – 1 M li – *1 M re – 2(3)4(5) M li – 3 M re – 4 M li – Zopf A – 4 M li – 3 M re – 2(3)4(5) M li*. Von * bis * wdh. Enden mit: 1 M re – 1 M li – ∞ - 2 M re.

Reihe 3: wie Reihe 1.

Reihe 4: 2 M re – ∞ – 1 M li – *1 M re – 2(3)4(5) M li – 1 neue M li – 3 M re – 2 M li zus – 2 M li zus – 3 M re – 1 neue M – 3 M re – 2 M li zus – 2 M li zus – 3 M re – 1 neue M – 2(3)4(5) M li*. Von *bis* wdh. Enden mit: 1 M re – 1 M li – ∞ – 2 M re.

Reihe 5: 1 M re – 1 M li – # – 1 M re – *1 M li – 3(4)5(6) M re – 3 M li – 2 M re – 3 M li – aus der nächsten M 2 M herausstr – 3 M li – 2 M re – 3 M li – 3(4)5(6) M re *. Von * bis * wdh. Enden mit: 1 M li – 1 M re – # – 1 M li – 1 M re.

Reihe 6: 2 M re – ∞ – 1 M li – *1 M re – 3(4)5(6) M li – 1 neue M li – 2 M re – (die erste M re von der Nadel heben – die 2. M re von der Nadel heben –sie sind nun beide einmal verschr – beide M zurück auf die linke Nadel setzen und zus str. Nun liegt eine Rechtsmasche obenauf) – 2 M re zus – 2 M re – 1 neue M li – 2 M re – 1 neue M li – 2 M re – (die erste M re von der Nadel heben – die 2. M re von der Nadel heben – sie sind nun beide einmal verschr – beide M zurück auf die li Nadel setzen und zus str. Nun liegt eine Rechtsmasche obenauf) – 2 M re zus – 2 M re – 1 neue M li – 3(4)5(6) M li*. Von * bis * wdh. Enden mit: 1 M re – 1 M li – ∞ – 2 M re.

Reihe 7: 1 M re – 1 M li – # – 1 M re – *1 M li – 4(5)6(7) M re – 6 M li – 4 M re – 6 M li – 4(5)6(7) M re*. Von * bis * wdh. Enden mit: 1 M li – 1 M re – # – 1 M li – 1 M re.

Reihe 8: 2 M re – ∞ – 1 M li – *1 M re – 4(5)6(7) M li – Zopf B – 4 M li – Zopf B – 4(5)6(7) M li*. Von * bis * wdh. Enden mit : 1 M re – 1 M li – ∞ – 2 M re.

Reihe 9: wie Reihe 7.

Reihe 10: 2 M re – ∞ – 1 M li – *1 M re – 2(3)4(5) M li – 2 M li zus – 3 M re – 1 neue M – 3 M re – 2 M li zus – 2M li zus – 3 M re – 1 neue M – 3 M re – 2 M li zus – 2(3)4(5) M li*. Von * bis * wdh. Enden mit: 1 M re – 1 M li – ∞ – 2 M re.

Reihe 11: 1 M re – 1 M li – # – 1 M re – *1 M li – 3(4)5(6) M re – 3 M li – aus der nächsten M 2 M herausstr – 3 M li – 2 M re – 3 M li – aus der nächsten M 2 M herausstr – 3 M li – 3(4)5(6) M re*. Von * bis * wdh. Enden mit: 1 M li – 1 M re – # – 1 M li – 1 M re.

Reihe 12: 2 M re – ∞ – 1 M li – *1 M re – 1(2)3(4) M li – 2 M li zus – 3 M re – 1 neue M – 2 M li – 1 neue M – 2 M re – (die erste M re von der Nd heben – die 2. M re von der Nd heben – sie sind nun beide einmal verschränkt – beide zurück auf die li Nd setzen und zus str. Nun liegt eine Rechtsmasche obenauf) – 2 M re zus – 2 M re – 1 neue M – 2 M li – 1 neue M – 3 M re – 2 M li zus – 1(2)3(4) M li*. Von * bis * wdh. Enden mit: 1 M re – 1 M li – ∞ – 2 M re.

Reihe 1 – Reihe 12 wdh, aber in jeder Reihe 1 die Zunahmen str: nach den 2 ersten und vor den 2 letzten M an beiden Seiten. Die neuen M in den Hinreihen li und in den Rückreihen re str. Die Zunahmen insg 7mal an jeder Seite str bis 8 Linksmaschen zwischen den äußersten Rechtsmaschen sind = 121(129)137(145) M.
Nicht die M in Reihe 4 und R 10 zählen, denn dort ist nicht die volle M-Anzahl.
Stricken bis der Rücken 42(44)44(45) cm misst.

Für den Armausschnitt an jeder Seite 3 M abketten. Danach 6mal an jeder Seite 1 M abketten = 103(111)119(127) M.
Die äußerste M in allen Reihen re str.
Stricken bis der Armausschnitt 18(20)21(22) cm misst.

Für den Nacken die mittleren 47(51)51(55) M abketten und 6 R über die 28(30)34(36) Schultermaschen an beiden Seiten str. Die M nicht abketten, sondern auf einen Faden setzen.

Vorderteil

Wie den Rücken str bis die Armausschnitte 13(14)15(16) cm messen.

Für den Halsausschnitt die mittleren 5(7)9(11) M abketten und jede Seite für sich fertigstr. Von der Halsseite 3 x 3 M abketten, danach je 2 M bis noch 28(30)34(36) M für die Schultern übrig sind. So lange wie möglich im Muster str.
Da die Anzahl der M davon abhängig ist, an welcher Stelle im Muster der Halsausschnitt beginnt, kann es sein, dass beim letzten Mal anstatt 2 M nur 1 M abzuketten ist.

Weiter str bis das Vorderteil genauso lang wie der Rücken ist. Die M auf einen Faden setzen. Dies für die andere Seite wdh. Mit dem Abketten an der Halsseite beginnen.

Ärmel

49(53)57(61)M anschlagen.
1. R und 2. R wie unten am Rücken str. Nach 4 cm mit einer 1. R enden. Die 2. R mit Zunahmen wie beim Rücken str = 57(61)65(69) M.

Im Muster fortsetzen, aber die Zunahmen innerhalb der äußersten 2 M schon in Reihe 1 str. Die Zunahmen in jeder 6. R wdh bis 20 Linksm zwischen den äußersten Rechtsm sind = 95(99)103(107) M. Nicht in einer Reihe 4 und R 10 zählen.
Str bis der Ärmel 49 cm misst.

2mal an jeder Seite 3 M abketten. 8(9)10(10)mal an jeder Seite 2 M abketten. Die letzten M abketten. Den anderen Ärmel auf die gleiche Weise str.

Halsrand

Die Schulterm wieder auf die Nadel nehmen. Die Schultern zusstr. Dafür Rücken und Vorderteile rechts auf rechts legen. Durch beide gegenüberliegenden M str und dabei gleichzeitig abketten.
41(47)47(51) M mit Ärmelnd Nr. 4 aus dem Nacken aufstr und 47(49)53(57) M aus dem Halsausschnitt. 5 cm in Rippen 2 M re – 2 M li rundstr. In Rippen locker abketten.

Fertigstellung

Die Seitennähte von rechts zusnähen und die Ärmel zusnähen. Die Ärmel gleichmäßig mit Nadeln in die Armausschnitte stecken und von rechts einnähen. Fäden vernähen.

Wiese

Kumulus Bärlauch Wasserlauf Wiese Kumulus Bärlauch Wasserlauf Wiese Kumulus Bärlauch Wasserlauf Wiese Kumulus Bärlauch Wasserlauf Wiese Kumulus Bärlauch Wasserlauf Wiese Kumulus Bärlauch Wasserlauf Wiese Kumulus Bärlauch Wasserlauf Wiese Kumulus Bärlauch Wasserlauf Wiese Kumulus Bärlauch Wasserlauf Wiese Kumulus Bärlauch Wasserlauf Wiese Kumulus Bärlauch Wasserlauf Wiese Kumulus Bärlauch Wasserlauf Wiese Kumulus Bärlauch Wasserlauf Wiese Kumulus Bärlauch Wasserlauf Wiese Kumulus

Größen: S (M) L (XL)

Halbe Brustweite: 44(47)50(53) cm
Schulterbreite: 32(34)36(38) cm
Halbe Taille: 37(40)43(45) cm
Länge: 85(87)90(92) cm
Ärmellänge unter den Ärmeln: 45 cm

Material:

300(300)350(350)g Isager Alpaka 2 Farbe 016
300(300)300(350)g Tvinni Farbe 40s
Die 2 Fäden zusammen verstricken.

6 Knöpfe

Verwendete Rundnadel und Strumpfnadeln Nr. 4

Maschenprobe in glatt rechts:
10 x 10 cm = 21 M x 26 R

Die Jacke hat in der hinteren Mitte einen Schlitz.

Körper

122(128)134(140) M anschlagen und im zweireihigen Perlmuster stricken. Reihe 1 = Rückreihe.

Reihe 1: *1 M re – 1 M li*. Von * bis * wdh.
Reihe 2: wie Reihe 1.
Reihe 3: *1 M li – 1 M re*. Von * bis * wdh.
Reihe 4: wie Reihe 3.

Reihe 1 – 4 wdh, bis 16 cm gestrickt sind. Nach einer Reihe 1 enden. Faden abschneiden.

Das Stück noch einmal str, aber den Faden nicht abschneiden. Beide Teile aneinandersetzen: Eine Reihe 2 str: * 1 M re – 1 M li *. 6mal von * bis * str = Vorderkante – 100(106)112(118) M re str – die ersten 10 M des anderen Teiles hinter die letzten 10 M legen. Die aneinanderliegenden M zusammenstricken, so dass die beiden Teile am Übergang doppelt liegen – 100(106)112(118) M re – *1 M re – 1 M li*. 6mal von * bis * str = Vorderkante. Insgesamt = 234(246)258(270) M.

Die Vorderkanten bestehen aus 12 M zweireihigem Perlmuster, welches sich bis zum Kragen fortsetzt. Den Rest glatt rechts stricken.

Reihe 3: *1 M li – 1 M re*. 6mal von * bis * str – 210(222)234(246) M li – 6mal von * bis * str.
Reihe 4: *1 M li – 1 M re*. 6mal von * bis * str – 210(222)234(246) M re – 6mal von * bis * str.

Auf diese Weise fortfahren: Perlmuster an den Vorderkanten und glatt rechts dazwischen.

Nach 11(11)13(15) R glatt rechts die Taillenabnahmen str. Nach einer Hinreihe enden.

In der nächsten R die Seitennähte markieren.

12 M Perlmuster – 47(50)53(56) M li – Markierung setzen. 116(122)128(134) M li str – Markierung. 47(50)53(56) M li str – 12 M Perlmuster.

Abnahmen und Zunahmen werden außerhalb der beiden Maschen rechts und links der Markierungen gestrickt.

1. Abnahme an den Seitennähten: 12 M Perlmuster – 44(47)50(53) M re – 2 M re verschr zus – 2 M re – 2 M re zus – 110(116)122(128) M re – 2 M re verschr zus – 2 M re – 2 M re zus – 44(47)50(53) M re – 12 M Perlmuster. 3(7)5(7) R str.

Am rechten Vorderteil das 1. KNOPFLOCH str. Die ersten 12 M Perlmuster wie folgt stricken: 4 M Perlmuster – 2 M zus str – 2 neue M anschlagen – 2 M zus str – 4 M Perlmuster.
Das Knopfloch alle 11 cm = jede 28. R wdh. 5(1)3(1) R str.

2. Abnahme an Seitennähten: 12 M in Perlmuster – 43(46)49)52 M re – 2 M re verschr zus – 2 M re – 2 M re zus – 108(114)120(126) M re – 2 M re verschr zus – 2 M re – 2 M re zus – 43(46)49(52) M re – 12 M Perlmuster. 7 R str.

3. Abnahme an Seitennähten: 12 M Perlmuster – 42(45)48(51) M re – 2 M re verschr zus – 2 M re – 2 M re zus – 106(112)118(124) M re – 2 M re verschr zus – 2 M re – 2 M re zus – 42(45)48(51) M re – 12 M Perlmuster. 5 R str.

4. Abnahme an Seitennähten: 12 M Perlmuster – 41(44)47(50) M re – 2 M re verschr zus – 2 M re – 2 M re zus – 104(110)116(122) M re – 2 M re verschr zus – 2 M re – 2 M re zus – 41(44)47(50) M re – 12 M Perlmuster. 5 R str.

5. Abnahme an Seitennähten: 12 M Perlmuster – 40(43)46(49) M re – 2 M re verschr zus – 2 M re – 2 M re zus – 102(108)114(120) M re – 2 M re verschr zus – 2 M re – 2 M re zus – 40(43)46(49) M re – 12 M Perlmuster.

5 R str.

6. Abnahme an Seitennähten: 12 M Perlmuster – 39(42)45(48) M re – 2 M re verschr zus – 2 M re – 2 M re zus – 100(106)112(118) M re – 2 M re verschr zus – 2 M re – 2 M re zus – 39(42)45(48) M re – 12 M Perlmuster.
5 R str.

7. Abnahme an Seitennähten: 12 M Perlmuster – 38(41)44(47) M re – 2 M re verschr zus – 2 M re – 2 M re zus – 98(104)110(116) M re – 2 M re verschr zus – 2 M re – 2 M re zus – 38(41)44(47) M re – 12 M Perlmuster.
5 R str.

8. Abnahme an Seitennähten, aber auch **1.** Abnahme am Rücken: 12 M Perlmuster – 37(40)43(46) M re – 2 M re verschr zus – 2 M re – 2 M re zus – 29(31)33(35) M re – Markierung – 2 M re verschr zus – 34(36)38(40) M re – 2 M re zus – Markierung – 29(31)33(35) M re – 2 M re verschr zus – 2 M re – 2 M re zus – 37(40)43(46) M re – 12 M Perlmuster.
5 R str.

9. Abnahme an Seitennähten und **2.** Abnahme am Rücken: 12 M Perlmuster – 36(39)42(45) M re – 2 M re verschr zus – 2 M re – 2 M re zus – 28(30)32(34) M re – Markierung – 2 M re verschr zus – 32(34)36(38) M re – 2 M re zus – Markierung – 28(30)32(34) M re – 2 M re verschr zus – 2 M re – 2 M re zus – 36(39)42(45) M re – 12 M Perlmuster.
5 R str.

10. Abnahme an Seitennähten und **3.** Abnahme am Rücken: 12 M Perlmuster – 35(38)41(44) M re – 2 M re verschr zus – 2 M re – 2 M re zus – 27(29)31(33) M re – Markierung – 2 M re verschr zus – 30(32)34(36) M re – 2 M re zus – Markierung – 27(29)31(33) M re – 2 M re verschr zus – 2 M re – 2 M re zus – 35(38)41(44) M re – 12 M Perlmuster.

5 R str.

11. Abnahme an Seitennähten und **4.** Abnahme am Rücken: 12 M Perlmuster – 34(37)40(43) M re – 2 M re verschr zus – 2 M re – 2 M re zus – 26(28)30(32) M re – Markierung – 2 M re verschr zus – 28(30)32(34) M re – 2 M re zus – Markierung – 26(28)30(32) M re – 2 M re verschr zus – 2 M re – 2 M re zus – 34(37)40(43) M re – 12 M Perlmuster.
5 R str.

12. Abnahme an Seitennähten und **5.** Abnahme am Rücken: 12 M Perlmuster – 33(36)39(42) M re – 2 M re verschr zus – 2 M re – 2 M re zus – 25(27)29(31) M re – Markierung – 2 M re verschr zus – 26(28)30(32) M re – 2 M re zus – Markierung – 25(27)29(31) M re – 2 M re verschr zus – 2 M re – 2 M re zus – 33(36)39(42) M re – 12 M Perlmuster.
3 R str.

13. Abnahme an Seitennähten und **6.** Abnahme am Rücken: 12 M Perlmuster – 32(35)38(41) M re – 2 M re verschr zus – 2 M re – 2 M re zus – 24(26)28(30) M re – Markierung – 2 M re verschr zus – 24(26)28(30) M re – 2 M re zus – Markierung – 24(26)28(30) M re – 2 M re verschr zus – 2 M re – 2 M re zus – 32(35)38(41) M re – 12 M Perlmuster.
3 R str.

14. Abnahme an Seitennähten und **7.** Abnahme am Rücken: 12 M Perlmuster – 31(34)37(40) M re – 2 M re verschr zus – 2 M re – 2 M re zus – 23(25)27(29) M re – Markierung – 2 M re verschr zus – 22(24)26(28) M re – 2 M re zus – Markierung – 23(25)27(29) M re – 2 M re verschr zus – 2 M re – 2 M re zus – 31(34)37(40) M re – 12 M Perlmuster.
3 R str.

15. Abnahme an Seitennähten und **8.** Abnahme am Rücken: 12 M Perlmuster – 30(33)36(39) M re – 2 M re verschr zus – 2 M re – 2 M re zus – 22(24)26(28) M re – Markierung – 2 M re verschr zus – 20(22)24(26) M re – 2 M re zus - Markierung – 22(24)26(28) M re – 2 M re verschr zus – 2 M re – 2 M re zus – 30(33)36(39) M re – 12 M Perlmuster.

Es sind nun 15 Abnahmen an den Seitennähten und 8 Abnahmen am Rücken gestrickt = 158(170)182(194) M.

17 R str.

1. Zunahme an den Seitennähten und **1.** Zunahme am Rücken: 12 M Perlmuster – 31(34)37(40) M re – 1 neue M re verschr aus dem Querfaden zwischen den M heraus str – 2 M re – 1 neue M – 23(25)27(29) M re – Markierung – 1 neue M – 22(24)26(28) M re – 1 neue M – Markierung – 23(25)27(29) M re – 1 neue M – 2 M re – 1 neue M – 31(34)37(40) M re – 12 M Perlmuster.
5 R str.

2. Zunahme an den Seitennähten und **2.** Zunahme am Rücken: 12 M Perlmuster – 32(35)38(41) M re – 1 neue M – 2 M re – 1 neue M – 24(26)28(30) M re – Markierung – 1 neue M – 24(26)28(30) M re – 1 neue M – Markierung – 24(26)28(30) M re – 1 neue M – 2 M re – 1 neue M – 32(35)38(41) M re – 12 M Perlmuster.
5 R str.

3. Zunahme an den Seitennähten und **3.** Zunahme am Rücken: 12 M Perlmuster – 33(36)39(42) M re – 1 neue M – 2 M re – 1 neue M – 25(27)29(31) M re – Markierung – 1 neue M – 26(28)30(32) M re – 1 neue M – Markierung – 25(27)29(31) M re – 1 neue M – 2 M re – 1 neue M – 33(36)39(42) M re – 12 M Perlmuster.

5 R str.

4. Zunahme an den Seitennähten und **4.** Zunahme am Rücken: 12 M Perlmuster – 34(37)40(43) M re – 1 neue M – 2 M re – 1 neue M – 26(28)30(32) M re – Markierung – 1 neue M – 28(30)32(34) M re – 1 neue M – Markierung – 26(28)30(32) M re – 1 neue M – 2 M re – 1 neue M – 34(37)40(43) M re – 12 M Perlmuster.
5 R str.

5. Zunahme an den Seitennähten und **5.** Zunahme am Rücken: 12 M Perlmuster – 35(38)41(44) M re – 1 neue M – 2 M re – 1 neue M – 27(29)31(33) M re – Markierung – 1 neue M – 30(32)34(36) M re – 1 neue M – Markierung – 27(29)31(33) M re – 1 neue M – 2 M re – 1 neue M – 35(38)41(44) M re – 12 M Perlmuster.
Insgesamt = 188(200)212(224) M

Weiterstr bis die Arbeit 67(69)69(70) cm misst.

In der nächsten Rückreihe über den Seitenmarkierungen M für die Armausschnitte abketten: 12 M Perlmuster – 35(38)41(44) M li – 4 M abk – 86(92)98(104) M li – 4 M abk – 35(38)41(44) M li – 12 M Perlmuster.
Vorderteile und Rücken einzeln weiterstr.

Vorderteile
An den Armausschnitten 3mal 2 M abk.
6(7)8 (8)mal 1 M abk = 35(37)39(42) M.
Stricken bis der Armausschnitt = 12 cm.

Halsausschnitt
Die Halsmaschen nicht abketten, sie werden später noch für den Kragen gebraucht.

Ab Armausschnitt in Richtung Halsausschnitt str, bis noch 12 M auf der Nadel sind. Wenden. 1 verschr U auf die Nadel legen und zurückstr.
Ab Armausschnitt zum Hals str bis 2 M + U vor der letzten Wende str. Wenden. 1 verschr U. Zurückstr.
Ab Armausschnitt zum Hals str bis 2 M + U vor der letzten Wende str. Wenden. 1 verschr U. Zurückstr.
Ab Armausschnitt zum Hals str bis 1 M + U vor der letzten Wende str. Wenden. 1 verschr U. Zurückstr.
Dies wdh bis 3(4)4 (5)mal vor 1 M (+U) gewendet wurde und 16(17)18(21) M auf der Nadel sind. Keinen U bei der letzten Wende aufnehmen.
4 R str.
Nun ab Ärmelseite Schultermaschen abketten.
5(5)6(7) M abketten. Die letzten 11(12)12(14) M str. Wenden. Zurückstr.
5(6)6(7) M abketten. Die letzten 6(6)6(7) M str. Wenden. Zurückstr. Abketten.

Das andere Vorderteil spiegelverkehrt stricken. An der Vorderkante mit einer Rückreihe beginnen.

Rücken
An den Armausschnitten 2mal 2 M abketten.
6(7)8(8)mal 1 M abketten = 66(70)74(80) M.
Weiterstr bis die Armausschnitte genauso lang sind wie bei den Vorderteilen.
Die mittleren 34(36)38(38) M abk und die Schultern einzeln wie beim Vorderteil abketten.
Die Schultern von außen zusammennähen.

Ärmel
Mit Strumpfnadeln 52 M anschlagen und in Runden str.
Runde 1: *1 M re – 1 M li *. Von * bis * wdh.
Runde 2: wie Runde 1.
Runde 3: *1 M li – 1 M re*. Von * bis * wdh.
Runde 4: wie Runde 3.

8 cm Runde 1 – 4 str. Zu glatt rechts wechseln. In der ersten R nach der 1. M und vor der letzten M zunehmen (= aus dem Querfaden 1 verschr M herausstr).
Die Zunahmen in jeder 16.(16.)10.(10.) R wdh bis 66(66)74(74) M auf der Nadel sind.

Str bis der Ärmel 45 cm misst.
Unter den Armen teilen und hin und zurückstr.
Beidseitig am Beginn der Reihen abketten:
1mal 3 M.
1mal 2 M.
15(16)17(18)mal 1 M.
2(2)3 (3)mal 2 M.
1mal 3 M.
Die letzten 12(10)12(10) M locker abk.
Den anderen Ärmel auf die gleiche Weise str.

Kragen
In einer Hinreihe die ersten 11 stillgelegten M im Perlmuster str – die nächste M re verschr mit dem U zus str. Weiterstr bis zur M vor dem nächsten U, diese auch re verschr zus str. Dies wdh bis keine weiteren U da sind – 1 M re – 8 M vor der Schulternaht herausstr – 3 M nach der Schulternaht herausstr – 30(32)34(34) M aus den abgeketteten Nackenm herausstr – 3 M vor der Schulternaht herausstr – 8 M nach der Schulternaht herausstr – 1 M re – U mit nächster M re verschr zus str. Weiter str bis

zum nächsten U, diesen auch re verschr zus str. Bis zum letzten U wdh, diesen mit der 1. Perlmustermasche zus str – 11 M Perlmuster str.
17 cm Perlmuster über alle M str. Im Perlmuster abketten.

Gürtel und Gürtelschlaufen

12 M anschlagen und im zweireihigen Perlmuster str:
Reihe 1: *1 M re – 1 M li*. Von * bis * wdh.
Reihe 2: wie Reihe 1
Reihe 3: *1 M li – 1 M re*. Von * bis * wdh.
Reihe 4: wie Reihe 3.
Reihe 1 – 4 wdh bis ca. 2 Meter oder die gewünschte Länge gestrickt sind.
Die M im Perlmuster abketten. Den Faden abschneiden.

2 Gürtelschlaufen stricken

4 M mit einer Strumpfnadel anschlagen. *Die M an das andere Ende der Nadel schieben. Den Faden hinter den M entlang führen. Die 4 M re str ohne die Nadel zu wenden*. Von * bis * wdh. Die Nadel nie wenden, bloß die M an das andere Ende der Nadel schieben, sie werden jedes Mal von der gleichen Seite gestrickt. Wenn die Gürtelschlaufe 5 cm ist, den Faden abschneiden und durch alle M ziehen. Noch eine Schlaufe str.

Ausarbeitung

Die Ärmel in die Armausschnitte nähen. Die Fäden vernähen und die Knöpfe annähen. Die Gürtelschlaufen in der Taille an die Seitennähte nähen.

Sommer

schmetterling sand Wasserwirbel Distel schmetterling sand Wasserwirbel Distel schmetterling sand Wasserwirbel Distel schmetterling sand Wasserwirbel Distel schmetterling sand Wasserwirbel Distel schmetterling sand Wasserwirbel Distel schmetterling sand Wasserwirbel Distel schmetterling sand Wasserwirbel Distel schmetterling sand Wasserwirbel Distel schmetterling sand Wasserwirbel Distel schmetterling sand Wasserwirbel Distel schmetterling

Distel Schmetterling Sand Wasserwirbel

Schmetterling

Schmetterling Sand Wasserwirbel Distel Schmetterling Sand Wasserwirbel Distel Schmetterling Sand Wasserwirbel Distel Schmetterling Sand Wasserwirbel Distel Schmetterling Sand Wasserwirbel Distel Schmetterling Sand Wasserwirbel Distel Schmetterling Sand Wasserwirbel Distel Schmetterling Sand Wasserwirbel Distel

Größen: S (M) L (XL)

Halbe Brustweite: 43(47)52(56) cm
Halbe Taillenweite: 37(42)47(51) cm
Halbe Schulterbreite: 36(40)42(46) cm
Länge: 56(56)60(60) cm
Ärmellänge unter den Ärmeln: 45 cm
Die Jacke kann um 3,5 cm verlängert werden.

Material

Farbe A = 250(250)250(300) g Isager Alpaka 2
Farbe 017
Farbe B = 50 g Tvinni Farbe 47
Farbe C = 50 g Tvinni Farbe 6s
Farbe D = 50 g Tvinni Farbe 39s
Farbe E = 50 g Tvinni Farbe 29s

Reißverschluss: 35(35)40(40) cm

Maschenprobe in glatt rechts:
10 x 10 cm = 28 M x 36 R

Verwendete Rundnadel und Strumpfnadel Nr. 3
Rundnd Nr. 4 für den Umbruch

Rechtes Vorderteil

44(44)45(51) M mit Farbe B und Nd Nr. 3 anschlagen. 7 R für den Beleg in glatt rechts hin und zurückstr. Die erste und letzte M immer re str. Mit einer Rückreihe beginnen und enden. In Verlängerung der letzten Rückreihe 14(20)24(24) neue M anschlagen. Hier werden später M für den Beleg der Vorderkante herausgestrickt. Über die 58(64)69(75) M 6 R glatt re stricken. Zu Nd Nr. 4 wechseln und eine Hinreihe str. Hier werden bei der Fertigstellung die ersten 13 R auf die Rückseite umgeschlagen.

Bei Farbwechsel die Gobelintechnik verwenden: In der Hinreihe bloß zur neuen Farbe wechseln. In der Rückreihe beim Wechseln der Farben die beiden Fäden miteinander verkreuzen und mit der neuen Farbe weiterstricken.

Zurück zu Nd 3 wechseln. Am Ende der **Reihe 1** Farbe A mit einstricken. A = Jackenbeleg.

Reihe 1:
B = 1 M re – 56(62)67(73) M li.
A = 1 M re.

Reihe 2:
A = 2 M aus der 1. M str.
B = 1 M re – 1 neue M re verschr aus dem Querfaden zwischen den M herausstricken – 56(62)67(73) M re.

Reihe 3:
B = 1 M re – 57(63)68(74) M li.
A = 1 M li – 1 M re.

Farbe B mit C auswechseln. Farbe B nicht abschneiden, da sie später wieder gebraucht wird.

Reihe 4:
A = 1 M re – 1 neue M re – 1 M re.
C = 1 M re – 1 neue M re – 57(63)68(74) M re

Reihe 5:
C = 1 M re – 58(64)69(75) M li.
A = 2 M li – 1 M re.

Reihe 6:
Farbe A abschneiden. In einer Hinreihe aus dem Aufschlagrand des Belegs 14(20)24(24) neue M mit A anschlagen für einen breiteren Beleg am Vorderrand entlang.
Die erste R empfiehlt sich mit Strumpfnadeln zu stricken. Nach den neuen M mit 2 M re – 1 neue M – 1 M re fortsetzen.

C = 1 M re – 1 neue M – 58(64)69(75) M re.

Reihe 7:
C = 1 M re – 59(65)70(76) M li.
A = 17(23)27(27) M li – 1 M re.

Farbe C wieder mit B tauschen. Faden mit Farbe C für später hängen lassen.

Gr. S(M): bei Reihe 16 weiterlesen.

Gr. L(XL):
Reihe 8:
A = 27 M re – 1 neue M – 1 M re.
B = 1 M re – 1 neue M – 70(76) M re.
Reihe 9:
B = 1 M re – 71(77) M li.
A = 28 M li – 1 M re.
Reihe 10:
A = 28 M re – 1 neue M – 1 M re.
B = 1 M re – 1 neue M – 71(78) re.
Reihe 11:
B = 1 M re – 72(78) M li.
A = 29 M li – 1 M re.

Wieder zu B wechseln.

Reihe 12:
A = 29 M re – 1 neue M – 1 M re.
C = 1 M re – 1 neue M – 72(78) M re.
Reihe 13:
C = 1 M re – 73(79) M li.
A = 30 M li – 1 M re.
Reihe 14:
A = 30 M re – 1 neue M – 1 M re.
C = 1 M re – 1 neue M – 73(79) M re.
Reihe 15:
C = 1 M re – 74(80) M li.
A = 31 M li – 1 M re.
Reihe 16:
A = 17(23)31(31) M re – 1 neue M – 1 M re.
B = 1 M re – 1 neue M – 59(65)74(80) M re.
Reihe 17:
B = 1 M re – 60(66)75(81) M li.
A = 18(24)32(32) M li – 1 M re.

Vorderteil = 61(67)76(82) M.
Beleg = 19(25)33(33) M.

2 R ohne Zun str. Den Farbwechsel mit 4 R Farbe B und 4 R Farbe C bis zur Taille fortsetzen.

In der nächsten R Zun zwischen Vorderteil und Beleg str. Noch 11(11)3(3) R str. Die Zun in jeder 4. R wdh = 3 Streifen in F C.

Das Vorderteil vom Beleg teilen. Die 22(28)34(34) Belegmaschen auf einen Faden setzen und stilllegen. Hier wird später der Reißverschluss eingenäht.

Weiter über das Vorderteil str. In allen R die erste M re str.
In der ersten R eine Zun am Beginn der Hinreihe str. Danach die Zun bis zum Halsausschnitt in jeder 6.(6.)4.(4.) R wdh.

Die Taillenabnahmen beg nun nach 0(0)16(16) R = 3(3)5(5) Streifen in Farbe C.

Vorderteil = 64(70)81(87) M.

In der ersten Hinreihe des nächsten Streifens eine Taillenabnahme str. Die Hinreihe endet mit: 2 M unmittelbar vor der letzen Randmasche re verschr zus str.
7 R str.
Die zweite Abn wird gleichzeitig mit einer Abnahme innerhalb des Vorderteiles gestr.
22(24)28(30) M vor der seitlichen Taillenabnahme markieren. Die Abnahme in der Hinreihe vor der Markierung vornehmen, d.h. 2 M re verschr zus str. Auch die Abnahme an der Seite str.

7 R str.
Die dritte Abnahme wieder an der Seite und im Vorderteil str. Wieder vor der Markierung und am Ende der R 2 M re verschr zus str.
7 R str.
Die vierte Abnahme auch an der Seite und im Vorderteil str. Wieder vor der Markierung und am Ende der R 2 M re verschr zus str.
11 R str. Nach einem Streifen in Farbe B enden = 7(7)9(9) Streifen in C.
Vorderteil = 63(69)83(89) M.
Farbe B und C abschneiden.

Zu Farbe A wechseln und 6 R str. Die Zun zu Beginn der Hinreihen fortsetzen.

Zu Farbe D wechseln. In der ersten R eine Zun für die Taille und an der Seitennaht str. Eine Zun str, indem aus dem Querfaden eine M re verschr herausgestrickt wird. Wieder vor der Markierung und vor der letzten Randmasche. Noch 5 R mit D str.

Die Zun in jeder 18. R wdh.
In Streifen fortsetzen: 6 R Farbe A – 6 R Farbe D.

Nach dem 3. Mal die Zun beenden.
17 R str.
Die Zun im Vorderteil auslassen, aber die Zun an der Seite noch 1mal str.
Noch 11 R str = 6 Streifen mit Farbe D.
Vorderteil = 82(88)108(114) M.

Verlängerung

Wird die Jacke länger gewünscht, noch 12 Extrareihen mit Zun str = 3,5 cm.
Am Vorderteil ergibt dies 2(2)3(3) Extramaschen. Für den Beleg ergibt es 5(5)6(6) Extramaschen.

Mit dem Abketten für das Ärmelloch beg, aber die Zun zu Beginn der R fortsetzen. In der Rückreihe die ersten 3 M abketten. An der gleichen Stelle 1(1)2(2)mal 2 M abketten. 5(5)4(4)mal 1 M abk.
Für Größe S und (M) ist das Abketten am Ärmelloch beendet. Für Gr. L und (XL) das Abketten am Ärmelloch später fortsetzen.
Farbe A abschneiden.

Nun den Beleg hinter dem re Vorderteil str.
Am Ende der Hinreihen in jeder 6.(6.)4.(4.) R zun, bis der Beleg 28(34)47(47) M hat.
Bei der nächsten Zun auch am Beginn der R innerhalb der äußersten Randmasche zun, so dass nun an beiden Seiten zugenommen wird. Die Zun am Beginn der R in jeder 4. R wdh bis der Beleg 60(66)85(85) M hat.

Die Zun am Ende der R = wie vorher.

Verlängerung
Wird die Jacke länger gewünscht, noch 12 Extrareihen mit Zun str = 3,5 cm.

Hiernach die Zun am Beginn der Hinreihe in jeder 2. R vornehmen bis der Beleg 68(74)94(94) M hat. Die Zun am Ende der R = wie vorher.

Nach der letzen Zun 1 R str.
Beleg und Vorderteil sind nun gleich lang.
Das Vorderteil weiterhin in Streifen str.
Den Beleg weiterhin einfarbig str.

In der nächsten R Beleg und Vorderteil wieder zusammennehmen. Darauf achten, dass der Beleg sich nicht wellt.

An der Belegaußenseite beg. Am Übergang die Fäden verkreuzen. Statt Zun zwischen Beleg und Vorderteil nun in jeder R Abnahmen str.
In den Hinreihen: die letzten 2 Belegmaschen re zus str und die ersten beiden Vorderteilmaschen re verschr zus str.
In den Rückreihen: die letzten 2 Vorderteilmaschen li verschr zusammenstr und die ersten beiden Belegmaschen li zus str.

GLEICHZEITIG: für Gr. L und (XL) an der Ärmelseite mit 3(3)mal 1 M abketten fortsetzen. Die Zun an der Belegaußenseite in jeder 2. R fortsetzen. Wenn das Abketten für das Ärmelloch beendet ist, die M am Vorderteil zählen. Auch die Belegmaschen zählen. Am Beleg sind 6(6)1(7) M weniger als am Vorderteil. Die 6(6)0(6) M an der Außenseite vom Beleg anschlagen, so dass der Beleg die gleiche Anzahl M hat wie das Vorderteil. Hiernach die Außenseite ohne Zun str.
Die Abn zwischen Beleg und Vorderteil fortsetzen bis das Vorderteil 28(24)34(40) M hat.

Den Armausschnitt str bis er 12(12)14(14) Streifen hat.
An jeder Seite M abketten, so dass die Schultern schräg zulaufen. Am Halsausschnitt sind sie am höchsten.
3mal an jeder Seite 7(8)8(10) M abketten. Die letzten 14(20)20(20) M abketten.

Linkes Vorderteil

44(44)45(51) M mit Farbe B und Nd Nr. 3 anschlagen. Für den Beleg 6 R glatt rechts hin und zurückstr. Die erste und letzte M immer re str.

Mit einer Rückreihe beginnen und mit einer Hinreihe enden.

In Verlängerung der letzten Hinreihe 14(20)24(24) neue M anschlagen. Hier werden später M für den Beleg der Vorderkante herausgestrickt. Am linken Vorderteil sitzen die 14(20)24(24) neuen M auf der anderen Seite.

Über die 58(64)69(75) neuen M 7 R glatt re str.

Zu Nd Nr. 4 wechseln und eine Hinreihe str. Zurück zu Nd Nr. 3 wechseln.

Reihe 1:
A = 1 M re.
B = 56(62)67(73) M li – 1 M re.

Reihe 2:
B = 56(62)67(73) M re – 1 neue M – 1 M re.
A = 2 M aus der ersten M str.

Reihe 3:
A = 1 M re – 1 M li.
B = 57(63)68(74) M li – 1 M re.

Farbe B mit C auswechseln. B nicht abschneiden, da sie später wieder gebraucht wird.

Reihe 4:
C = 57(63)68(74) M re – 1 neue M re – 1 M re.
A = 1 M re – 1 neue M re – 1 M re.

Reihe 5:
A = 1 M re – 2 M li.
C = 58(64)69(75) M li – 1 M re.

Reihe 6:
C = 58(64)69(75) M re – 1 neue M – 1 M re.
A = 1 M re – 1 neue M – 2 M re – mit A 14(20)24(24) M aus der Aufschlagkante der neuen 14(20)24(24) M herausstr.

Mit dem Farbwechsel fortfahren und wieder in Streifen und mit Zun in jeder 4.(4.)2.(2.) R zwischen dem Vorderteil und dem Beleg str, bis:
Vorderteil = 61(67)76(82) M.
Beleg = 19(25)33(33) M.

Hiernach die Zun zwischen Vorderteil und Beleg in jeder 4. R str.

Dieses Vorderteil nicht von seinem Beleg trennen. Hier wird später der Reißverschluss auf das Vorderteil genäht, so dass er den Beleg nicht berührt. Spiegelverkehrt zum re Vorderteil stricken.

Nach 3(3)5(5) Streifen in Farbe C die Abn für die Taille stricken. Gleichzeitig ändern sich die Zun zwischen Vorderteil und Beleg: in jeder 6.(6.)4.(4.) R zun. Dies fortsetzen bis die Zunahmen zu Abnahmen werden. 7 R str. Nach 22(24)28(30) M an der Seite, an der die Taillenabnahmen vorgenommen werden, eine Markierung in das Vorderteil setzen. Wenn die Farben zu A und D wechseln, hat der Beleg = 28(34)47(47) M. Die Zunahmen vor der letzten M an der Belegaußenseite nun in jeder 4. R str.

Zunahmen für die Taille = 3mal in jeder 18. R 1 neue M str, innerhalb der äußersten Randmasche und nach der Markierung. Die 4. Zunahme nur innerhalb der äußersten Kantmasche str.

Nach 6 Streifen mit Farbe D, auf die gleiche Weise wie beim rechten Vorderteil für den Armausschnitt abketten. Linkes Vorderteil = am Beginn der Hinreihen.

Gleichzeitig, wenn der Beleg 60(66)85(85) M hat, die Zun an der Belegaußenseite nun in jeder 2. R vornehmen.

Wenn der Beleg = 68(74)94(94) M hat, nach der letzten Zunahme noch eine R str.

Hiernach werden die Zunahmen zwischen Vorderteil und Beleg zu Abnahmen in jeder R geändert:
Am Beleg: 2 M verschr zus. Am Vorderteil: 2 M zus. Das Vorderteil wie das rechte Vorderteil fertig str.

Rücken

120(132)144(156) M mit Farbe B und Nd Nr. 3 anschlagen. Für den Beleg 13 R glatt re hin und zurückstr. Die erste und letzte M immer re str. Mit einer Rückreihe beginnen und enden.
Zu Nd Nr. 4 wechseln und 1 R str. Die ersten 13 R = Beleg.
Zurück zu Nd Nr. 3 wechseln und 3 R glatt re str. Zu Farbe C wechseln und in Streifen str: 4 R mit C – 4 R mit B wie bei den Vorderteilen.

Nach 3(3)5(5) Streifen mit C beginnen die Taillenabnahmen.
An der Seite innerhalb der äußersten Kantmasche 2 M re zus str.
7 R str.

48(50)54(56) M nach der Seitennaht am Rücken eine Markierung setzen. Ebenso an der anderen Seite des Rückens.
Die Abn werden zwischen den Markierungen gestr = bei jeder Abn werden die Mittelmaschen um 2 M weniger.
Nach der ersten Markierung 2 M re verschr zus str.
Vor der nächsten Markierung 2 M re zus str.
Gleichzeitig die Abn an den Seiten str.
Wieder 7 R mit Abn str. Die Abn wdh bis sie im Rücken 3mal und an den Seiten 4mal vorgenommen wurden = 106(118)130(142) M.
11 R ohne Abn str. Farbe B und C abschneiden.

Zu A wechseln und 6 R str.
Zu E wechseln und 6 R str.
Die Streifen fortsetzen, aber nun Zunahmen an denselben 4 Stellen str wie bisher die Abn.
Die Zun in der Rückenmitte so vornehmen, dass es bei jeder Zun zwischen den Markierungen wieder 2 M Mehr werden.
Die Zun in jeder 18. R wdh bis 118(130)142 (154) M auf der Nadel sind.
Eine letzte Zun nur an den Seiten vornehmen = 120(132)144(156) M.

Für die Armausschnitte abketten, wenn der Rücken die gleiche Länge hat wie die Vorderteile:
1mal an jeder Seite 3 M abk.
7(7)11(11)mal an jeder Seite 1 M abketten = 100(112)116(128) M.
Ohne Abketten weiter str.
In der letzen R des 12.(12.)14.(14.) Streifens ab Armausschnitt 31(37)37(43) M str – die mittleren 38(38)42(42) M abketten – 31(37)37(43) M str. Jede Seite für sich fertig str.
Am Halsausschnitt 3mal 1 M abketten und gleichzeitig an der Schulterseite 3mal 7(8)8(10) M abketten. Die letzten 7(10)10(10) M abketten. Die andere Seite am Rücken auf die gleiche Weise str. An der Ärmelseite beg.

Ärmel

62(62)66(66) M mit A auf Strumpfnadeln anschlagen und bis zur Kuppe rund str. Sobald wie möglich zu einer Rundnd wechseln.
14 Runden re str.
1 Rd mit Nd Nr. 4 str. Die ersten 14 R = Beleg.
Nach weiteren 14 Rd am Anfang und Ende der Rd nach der ersten und vor der letzten M zunehmen.

In jeder 14.(14.)10.(10.) Rd die Zun wdh bis es 84(84)96(96) M gibt. Weiterstr bis der Ärmel 49 cm misst.
Nun den Ärmel hin und zurückstr, dabei an jeder Seite abketten:
1mal 3 M abketten
2mal 2 M abk.
23(23)24(24)mal 1 M abk.
2mal 2 M abk.
1(1)2(2)mal 3 M abk. Die letzten 10(10)14(14) M abk. Den anderen Ärmel auf die gleiche Weise str.

Fertigstellung

Von der Außenseite die Schultern zusammennähen. Die Belege von der Innenseite an die Schulternaht nähen.

Die Seitennähte schließen. Die Belege auf die Rückseite umnähen. Die Ärmel mit Stecknadeln an den Körper heften und von außen einnähen. Die Ärmelbeläge auf die Rückseite umnähen.

Die Jacke auf einen Tisch legen. Das Vorderteil und den Rücken aufeinander legen. Den Reißverschluss unter das rechte Vorderteil legen, mit Nadeln festheften und mit Nähfaden annähen. Die Jacke wenden und den Beleg auf die Rückseite des Reißverschlusses nähen. Den Beleg von der Innenseite an das Vorderteil nähen.

Die Jacke anziehen. Den Reißverschluss schließen. Die Vorderteile mit dem Reißverschluss obenauf aufeinanderlegen. Mit Stecknadeln die zweite Hälfte des Reißverschlusses feststecken, so dass die Jacke geschlossen ist. Die Jacke öffnen und ausziehen.
Der rechte Reißverschluss erscheint wie ein Schrägstreifen. Aufpassen, dass der Beleg nicht wellig ist. Den oberen Überstand des Reißverschlusses auf die Rückseite umlegen. Den Reißverschluss entweder mit der Nähmaschine oder in kleinen Stichen mit Nähgarn festnähen.

Kragen

Den Kragen mit Farbe A aus den schrägen Vorderkanten und über den Rücken aufstricken. Aus den oberen 6(6)7(7) Vorderteilstreifen 38(38)44(44) M aufstr. Aus der letzten M vor dem Beleg herausstr. 6 M ab Schulternaht bis zu den abgeketteten M im Nacken aufstr. 36(36)40(40) M aus dem Nacken aufstr. 6 M ab den abgeketteten M im Nacken bis zur Schulternaht aufstr. 38(38)44(44) M ab Schulternaht über 6(6)7(7) Streifen abwärts am linken Vorderteil aufstr = 124(124)140(140) M.
Damit der Kragen gut sitzt, mit Wenden stricken, so dass der Kragen hinten höher ist.
Die erste und letzte M immer re str.
1 M re – 87(87)97(97) M li. Das Strickteil wenden.
1 U. 52(52)56(56) M re. Wenden.
1 U. 52(52)56(56) M li. Den U mit der nächsten M li zus str – 2 M li. Wenden.
1 U. 55(55)59(59) M re. Den U mit der nächsten M re zus str – 2 M re. Wenden.
1 U. 58(58)62(62) M li. Den U mit der nächsten M li zus str – 2 M li. Wenden.
1 U. 61(61)65(65) M re. Den U mit der nächsten M re zus str – 2 M re. Wenden.
1 U. 64(64)68(68) M li. Den U mit der nächsten M li zus str – die R bis zur letzten M li – 1 M re. Die nächste R re bis zum U str, diesen mit der nächsten M re zus str – re bis zum Reihenende.

Glatt re über alle M str. In der nächsten Hinreihe am Beginn und Ende der R innerhalb der äußersten Randmasche zunehmen. Die Zun in jeder 4. R wdh bis es insgesamt 7 Zun gibt = 138(138)154(154) M.
7 R str. Zu Nd Nr. 4 wechseln und 1 R str. Zurück zu Nd Nr. 3 wechseln und 5 R str. Zu Farbe D wechseln und 2 R str.
In der nächsten Hinreihe am Anfang und Ende der R innerhalb der äußersten Randmasche abnehmen. Am Anfang = 2 M re zus str. Am Ende = 2 M re verschr zus str.
3 R str.
Wieder zu A wechseln und Abnahmen str. Streifen über 6 R str und die Abn in jeder 4. R wdh bis 7 Abn gestr sind = 124(124)140(140) M. 3 R ohne Abn str. Nach einer Rückreihe enden.

Farbe D abschneiden und mit Farbe A Wenden str:
94(94)104(104) M re. Wenden.
1 U. 64(64)68(68) M li. Wenden.
1 U. 61(61)65(65) M re. Wenden.
1 U. 58(58)62(62) M li. Wenden.
1 U. 55(55)59(59) M re. Wenden.
1 U. 52(52)56(56) M li. Wenden.
1 U. 52(52)56(56) M re. Den U mit der nächsten M re zus str – 2 M re – U mit der nächsten M re zus str – 2 M re – U mit der nächsten M re zus str – bis zum Reihenende re str.
In der nächsten R li bis zum U str, diesen li mit der nächsten M zus str. Weiter bis zum nächsten U str, diesen mit der nächsten M li zus str. Dies beim letzten U wdh – bis zum Reihenende li str.
In der nächsten R locker abketten.

Den Kragen an den Vorderrändern so zusammennähen, dass die Randmaschen verdeckt werden.
Den Kragen an der Rückseite mit kleinen Stichen annähen. Der Übergang zum Kragen bleibt hierdurch verdeckt.

Sand

Größen: S (M) L (XL)

Halbe Brustweite: 42(46)51(56) cm
Schulterbreite: 35(37)42(44) cm
Länge: 50(54)57(60) cm
Ärmellänge unter den Ärmeln: 44 cm

Material:
300(350)400(400)g Viscolin Farbe 1000

Verwendete Nadeln: Rundnadel und Strumpfnadeln Nr. 3,
Rundnd Nr. 4 für den Saumumbruch,
eine dünne Nd für die Biesen

Maschenprobe in glatt rechts:
10 x 10 cm = 28 M x 38 R

Körper

216(240)264(288) M mit einer Rundnd Nr. 3 anschlagen und 8 Runden glatt re stricken.
6 M re str, danach und nach jeder 12. M eine neue M aus dem Querfaden zwischen den M re verschr herausstr = 234(260)286(312) M.
Zu Nd Nr. 4 wechseln und 1 Runde str. Die ersten 9 Runden später auf die Rückseite umnähen.

Zu Nd Nr. 3 wechseln und 22(26)28(30) Runden str.

Abnahmen für die Taille str: An jeder Seite 2 M markieren. Vor der Markierung 2 M re verschr zus str. Nach der Markierung 2 M re zus str = 4 M weniger in jeder Abnahmerunde. Die Abn in jeder 6.(6.)8.(8.) Runde wdh.
Wenn 222(248)274(300) M auf der Nd sind und die Abnahmen zum 4. Mal gestrickt werden sollen, wird auch am Rücken abgenommen:
Die mittleren 28(30)32(34) Rückenm markieren. Die Abnahmen innerhalb der Markierung vornehmen. Bei der ersten Abnahme 2 M verschr zus str, am Ende der Markierung 2 M zus str. Die 28(30)32(34) M werden nach der 1. Abnahme zu 26(28)30(32) M. Die Rückenabn werden gleichzeitig mit den Seitenabn gestr = 6 M weniger in jeder Abnahmerunde.
Nach 4 Rückenabnahmen und 7 Seitenabnahmen = 198(224)250(276) M, 11 Runden ohne Abn str.

Nun werden in jeder 6.(6.)8.(8.) Runde Zunahmen an den gleichen Stellen gestrickt wie vorher bei den Abnahmen = 6 M mehr pro Runde. Die Rückenzunahmen innerhalb der Markierung str, so dass es zwischen den Markierungen wieder mehr M werden.
Nach 4 Zunahmerunden = 222(248)274(300) M, werden die Rückenzunahmen ausgesetzt, aber die Seitenzunahmen noch 3mal wiederholt = 234(260)286(312)M. Ohne Zunahmen weiterstr bis die Arbeit = 34(36)36(38) cm misst.

Die Arbeit in Vorderteil und Rücken teilen und beides für sich hin und her fertig str = 117(130)143(156) M pro Teil.

Vorderteil

Beidseitig am Beginn der Reihen M für die Armausschnitte abketten.
3(5)5(7)mal an jeder Seite 2 M abketten.
3mal an jeder Seite 1 M abketten = 99(104)117(122) M.
Ohne abketten an den Seiten weiterstricken, bis die Arbeit 7(7)9(9) cm ab Armausschnitt misst.

Anstatt M für den Halsausschnitt abzuketten, werden diese stillgelegt.
47(49)56(58) M str. Wenden. 1 verschr U. Zurückstr.

Str bis noch 4 M + U übrig sind. Wenden. 1 verschr U. Zurückstr.

Str bis noch 3 M + U übrig sind. Wenden. 1 verschr U. Zurückstr.

Str bis noch 3 M + U übrig sind. Wenden. 1 verschr U. Zurückstr.

Str bis noch 2 M + U übrig sind. Wenden. 1 verschr U. Zurückstr.

Str bis noch 2 M + U übrig sind. Wenden. 1 verschr U. Zurückstr.

Str bis noch 2 M + U übrig sind. Wenden. 1 verschr U. Zurückstr.

Str bis noch 1 M + U übrig sind. Wenden. 1 verschr U. Zurückstr.

Str bis noch 1 M + U übrig sind. Wenden. 1 verschr U. Zurückstr.

Die Wenden mit 1 M + U fortsetzen, bis in der Rückreihe 27(28)33(33) M sind. Nach der letzten Wende keinen U machen.
6(8)6(8) R str. An der Ärmelseite enden. M für die Schulterschräge abketten, so dass die höchste Stelle am Hals ist.

9(9)11(11) M abk. Die restlichen 18(19)22(22) M str. Zurückstr.
Noch einmal 9(9)11(11) M abk. 9(10)11(11) M str. Zurückstr.
Die restlichen 9(10)11(11) M abk.
Die andere Vorderteilseite entsprechend str. An der Ärmelseite beginnen.

Rücken
Für die Armausschnitte beidseitig 9(13)13(17)mal 1 M am Anfang der Reihen abk = 99(104)117(122) M.

Die Armausschnitte gerade hoch str bis noch 12 R bis zur gleichen Armausschnitthöhe wie am Vorderteil fehlen.

M für den Halsausschnitt mit Wendestricken stilllegen. 42(44)48(48) M str. Wenden.
1 verschr U. Zurückstr.
Str bis noch 5 M + U übrig sind. Wenden.
1 verschr U. Zurückstr.
Str bis noch 4 M + U übrig sind. Wenden.
1 verschr U. Zurückstr.
Str bis noch 3 M + U übrig sind. Wenden.
1 verschr U. Zurückstr.
Str bis noch 2 M + U übrig sind. Wenden.
1 verschr U. Zurückstr.
Str bis noch 1 M + U übrig sind. Wenden.
1 verschr U. Zurückstr.
Danach die Schultermaschen wie beim Vorderteil abk. Die andere Seite auf die gleiche Weise str. An der Ärmelseite beginnen.

Ärmel
Mit Strumpfnadeln 48(48)64(64) M anschlagen und re in Runden bis zur Kuppe str. Zur Rundnd wechseln, sobald es möglich ist.
5 Runden re str.
In der nächsten Runde gleichmäßig M zunehmen bis es 52(52)72(72) M sind.
Eine Runde mit Nd Nr. 4 str. Zurück zu Nd Nr. 3 wechseln.
A: 9 Rd str.
B: 1 Rd mit Zunahmen str. Die 2 M markieren, die "unter dem Ärmel" sind (Anfang und Ende der Rd). An jeder Seite dieser 2 M 1 M zun.
C: Eine Rd str, in der ein Hilfsfaden aus Baumwolle mitgeführt wird. Den Hilfsfaden innen über den Finger legen und den Strickfaden außen über den Finger. Abwechselnd über und unter dem Hilfsfaden str. An der Rückseite sieht es aus, als ob der Hilfsfaden eingewebt ist.
D: 5 Rd str.
E: 1 Rd BIESEN str: An der Rückseite die ersten 2 M mit einer dünnen Nd aus der Rd mit dem Hilfsfaden aufnehmen. Den Maschen auf der Rückseite nach unten folgen, um ganz sicher zu sein, dass es die ersten beiden M sind. Die 2 Nadeln aneinander legen und durch beide gegenüberliegende M str – *10 M einzeln str – auf der Rückseite 10 M aus der Rd mit dem Hilfsfaden aufnehmen und wieder durch beide aneinander liegenden M str*. Von * bis * wdh. Am Ende werden die letzten 2 M mit 2 M aus der Rd mit dem Hilfsfaden zusgestrickt. Den Hilfsfaden herausziehen.
F: 2 Rd str.
G: 1 Rd mit Zunahmen am Anfang und Ende der R str.

Von A bis G wiederholen
2. Mal bei E: mit 4 einzelnen M beg.
3. Mal bei E: mit 6 zusgestrickten M beg.
4. Mal bei E: mit 8 einzelnen M beg.
5. Mal bei E: mit 10 zusgestrickten M beg.
6. Mal bei E: mit 2 zusgestrickten M beg.
Wieder mit dem 2. Mal beginnen.

Fortsetzen bis 90(90)110(110) M erreicht sind. Nach einer F-Reihe enden. Wenn die Ärmel länger gewünscht werden, kann weitergestrickt werden, aber immer nach einer Reihe F enden.

Die Ärmel nun hin und her stricken, aber an den Seiten M abketten. Mit 10 R glatt re und Abketten an den Seiten beg. Siehe unten. Danach im Muster str und das Abketten fortsetzen:
A: 1 R mit Hilfsfaden
B: 5 R glatt re
C: 1 R mit BIESEN. Es ist wichtig die M aus dem

oberen Maschenbogen heraus zu stricken, direkt unter den Maschen.
D: 13 R glatt re.
Dieses Muster über den restlichen Ärmel wdh.

Abketten: am Beginn der Hinreihe 4 M abk = 86(86)106(106) M. Diese Seite wird später an das Vorderteil genäht.
Beidseitig 16mal am Reihenanfang 1 M abk = 54(54)74(74) M.
Beidseitig 4mal am Reihenanfang 2 M abk = 38(38)58(58) M.

Danach an der Rückenseite und an der Vorderteilseite verschieden abketten.

Für den Rücken: 2mal 3 M abk – 2mal 4 M abk.

Für das Vorderteil: (dort wo zu Beginn 4 M abgekettet wurden). 3mal 2 M abk – 1mal 4 M abk.
Die letzten 14(14)36(36) M abk.

Den anderen Ärmel bis zum Beginn der Kuppe, dort wo unter dem Ärmel geteilt wird, auf die gleiche Weise str. Bei diesem Ärmel die ersten 4 M in einer Rückreihe abk.
Ärmel = spiegelverkehrt.
Mit 11 R glatt re beginnen und nicht wie am anderen Ärmel mit 10 R. Den Rest wie beim ersten Ärmel str.

Ausarbeitung
Von der Außenseite die Schultern zus nähen. Die Ärmel mit Nadeln feststecken und von außen annähen. Die Kanten unten am Körper und an den Ärmeln umlegen und auf der Rückseite festnähen. Fäden vernähen.

Halsausschnitt
7(9)7(9) M ab Schulternaht bis zur 1. stillgelegten M am Vorderteil aufstr. 1 M str. Den U mit der folgenden M zus str.

Am Hals nach unten fortsetzen und weiterhin die U mit den folgenden M zus str, die M vor den U

re str. Nach der Mitte werden die M vor dem U mit diesem re verschr zus gestrickt. Mit einer M re enden. 11(15)11(15) neue M über die Schulter aufstr. Wieder die U mit den M danach zus str. Nach der Mitte die U mit den vorherigen M re verschr zus str.
Abschließend 4(6)4(6) neue M vor der Schulternaht bis zum Anfang aufstr.

4 Runden li str. 4 Runden re str. Möglichst locker abketten.

Wasserwirbel

Schmetterling Sand Wasserwirbel Distel Schmetterling Sand Wasserwirbel Distel Schmetterling Sand
Schmetterling Sand Wasserwirbel Distel Schmetterling Sand Wasserwirbel Distel Schmetterling Sand
Schmetterling Sand Wasserwirbel Distel Schmetterling Sand Wasserwirbel Distel Schmetterling
Distel Schmetterling Sand Wasserwirbel Distel Schmetterling Sand Wasserwirbel Distel Schmetter
wirbel Distel Schmetterling Sand Wasserwirbel Distel Schmetterling Sand Wasserwirbel Distel Sch
sserwirbel Distel Schmetterling Sand Wasserwirbel Distel Schmetterling Sand Wasserwirbel Distel
nd Wasserwirbel Distel Schmetterling Sand Wasserwirbel Distel Schmetterling Sand Wasserwirbel D

Größen: S (M) L (XL)
Länge Rückenmitte: 57(60)65(68) cm
Rückenbreite: 44(49)54(59) cm
Ärmellänge unter den Ärmeln: 48 cm

Material:
Farbe A = 300(350)400(400)g Hochlandwolle Farbe Marlin
Farbe B = 5 g Rest z.B. Tvinni Farbe 26

Verwendete Rundnadel und Strumpfnadel Nr. 3

Maschenprobe in glatt rechts:
10 x 10 cm = 28 M und 36 R

Die Ärmel werden wie bei einem „Seelenwärmer" von einem Ärmelrand zum anderen Ärmelrand gestrickt. Der Körper wird wie ein Kreis gestrickt, mit einem Loch in der Mitte, von Rückenmitte zu Rückenmitte.

Körper

Mit Farbe A 96(104)112(120) M anschlagen.
Reihe 1 = Rückreihe: 1 M re – 1 M li – *4 M re – 4 M li*. Von * bis * wdh. Enden mit 4 M re – 1 M li – 1 M re.
Reihe 2 = Hinreihe: 2 M re *4 M li – 4 M re*. Von * bis * wdh. Enden mit 4 M li – 2 M re.
Insgesamt 21(23)25(27) R str. Nach einer R 1 enden, so dass das Wendestricken immer in einer Hinreihe beginnt.

Keil mit Wendestrick in Rippen:
88(96)104(112) M str. Wenden. 1 verschr U. Zurückstricken.
80(88)96(104)M str. Wenden. 1 verschr U. Zurückstr.
72(80)88(96) M str. Wenden. 1 verschr U. Zurückstr.
64(72)80(88)M str. Wenden. 1 verschr U. Zurückstr.
Auf diese Weise weiterstricken, aber vor der Wende immer 8 M weniger str. Wenn nach der Wende noch 8 M in einer Rückreihe übrig sind, enden.

4 M str. Wenden. 1 U. Zurückstr.
4 M str – U mit der nächsten M li zusstr – 3 M – U mit der nächsten M re zusstr – 3 M. Wenden. 1 verschr U. Zurückstr.
12 M str – U mit nächster M li zusstr – 3 M – U mit nächster M re zusstr – 3 M. Wenden. 1 verschr U. Zurückstr.
20 M str – U mit nächster M li zusstr – 3 M – U mit nächster M re zusstr – 3 M. Wenden. 1 verschr U. Zurückstr.
28 M str – U mit nächster M li zusstr – 3 M – U mit nächster M re zusstr – 3 M. Wenden. 1 verschr U. Zurückstr.
Auf diese Weise weiterstricken und immer 8 M mehr am Anfang der R str bevor der U mit der nächsten M zugestrickt wird. Die letzte Wende str wenn nur noch 4 M auf der Nd sind, die noch nicht gestrickt wurden. In der letzten Keilreihe den U mit der nächsten M zusstr – 3 M. Zurückstr.
Zu Beginn der nächsten R eine Markierung setzen. 22(24)26(28) R über alle M str und dann wieder einen Keil str.
Den Körper auf diese Weise fortsetzen bis 15 Keile gestrickt sind. 21(23)25(27) R str.
In der Rückreihe die M im Rippenmuster sehr locker abketten.

Ärmel

Mit Farbe B auf einer Strumpfnadel 60(60)70(70) M anschlagen.
6 Runden glatt re str.
Zu Farbe A wechseln und eine Runde re str.

In Rippen str: 1 M li – *8 M re – 2 M li*. Von * bis * wdh. Mit 8 M re – 1 M li enden. 10 Runden str.
In der nächsten Runde nach der ersten M und vor der letzten M 1 Zunahme str, indem aus dem Querfaden 1 M verschr herausgestrickt wird. Die neuen M li str.
Wenn unter dem Ärmel 6 li M sind, die 2 mittleren M re str und die neuen M re str.
Wenn unter dem Ärmel 10 re M sind, die 2 mittleren M li str und die nächsten neuen M re str, bis die Rechtsrillen wieder aus 8 M re bestehen mit 2 li M an jeder Seite. Dies wiederholen.
Die Zunahmen in jeder 10. Runde wiederholen bis 90(90)100(100)M auf der Nd sind. Bei der letzten Zunahme eine Markierung setzen.
Weiterstr bis der Ärmel 48 cm misst.

An einer Seite des Ärmels die 3 ersten M abketten. Danach in Rippen hin und her str. Abkettseite = Seite am Hals.
Zu Beginn jeder Hinreihe 2mal 2 M abketten. Danach 18(18)23(23)mal 1 M abketten = 65(65)70(70) M sind noch übrig.
Weitere 32(40)38(46) R str = Rückenmitte. An beide Seiten eine Markierung setzen. Das erleichtert das spätere Zusammennähen.
Wieder 32(40)38(46) R str.
Am Ende jeder Rückreihe 18(18)23(23)mal 1 M anschlagen, dann am Ende der Rückreihe 2mal 2 M anschlagen und zum Schluss 1mal 3 M anschlagen = 90(90)100(100) M.

Nun wieder rundstr. Den Ärmel weiterstr bis er dieselbe Länge hat wie der andere Ärmel nach den Zunahmen.
Abnahme = 2 M nach der ersten M zusstr und 2 M vor der letzten M verschr zusstr.
Wenn unter dem Ärmel 2 M li – 2 M re – 2 M li sind, werden die 2 re M in der Mitte li gestrickt, bis an beiden Seiten davon 3 re M sind, dann werden sie re gestrickt. Auf diese Weise wiederholen.
Die Abnahmen in jeder 10. Runde wiederholen bis 60(60)70(70) M auf der Nadel sind.
Noch 11 Runden str. Ärmel = 46 cm.
Zu Farbe B wechseln und 6 Runden glatt re str. Die M locker abketten.

Fertigstellung

Den Kreis von der rechten Seite zusammennähen (in der Rückenmitte).
Die Ärmel = „Seelenwärmer" auf einen Tisch mit dem Rücken nach unten hinlegen (die Außenseite ist sichtbar). Den Kreis mit der rechten Seite/Außenseite nach unten darauf legen: Die Kreisnaht soll die markierte Rückenmitte an der Seite der Ärmel treffen, an der nicht der Halsausschnitt gestrickt wurde. Es ist die Innenseite sichtbar. Die Keile, die gegenüber der Naht liegen, sollen auf die Mitte des Ärmelhalsausschnittes treffen = Innenseite des Kragens.

Nun den Kreis gleichmäßig mit Heftnadeln um den Körperteil des „Seelenwärmers" heften. Den Körper und die Ärmel wenden und von der rechten Seite zusammennähen.
Alle Fäden vernähen.
Die Ärmelränder einrollen lassen.

Die Jacke waschen und vorsichtig in der Waschmaschine anschleudern.
Einen Besenstiel zwischen die Ärmel stecken und die Jacke mit dem Kreis nach unten zum Trocknen hängen lassen. Die Jacke den Kreisrand entlang etwas in Form ziehen.

Distel

Schmetterling Sand Wasserwirbel Distel Schmetterling Sand Wasserwirbel Distel Schmetterling Sand Wasserwirbel Distel Schmetterling Sand Wasserwirbel Distel Schmetterling Sand Wasserwirbel Distel Schmetterling Sand Wasserwirbel Distel Schmetterling Sand Wasserwirbel Distel Schmetterling Sand Wasserwirbel Distel Schmetterling Sand Wasserwirbel Distel Schmetterling Sand Wasserwirbel Distel Schmetterling Sand Wasserwirbel Distel Schmetterling Sand Wasserwirbel Distel Schmetterling Sand Wasserwirbel Distel Schmetterling Sand Wasserwirbel Distel

Größen: S (M) L (XL)
Halbe Brustweite: 43(47)52(56) cm
Schulterbreite: 32(36)38(42) cm
Länge: 58(58)61(61) cm
Ärmellänge unter den Ärmeln: 47 cm

Material:
200(200)200(250)g Tvinni Farbe 25s oder 40s
Ca. 100 g Tvinni Reste in vielen Farben.

Jacke: 7 Knöpfe

Verwendete Rundnadel und Strumpfnadel Nr. 3

Maschenprobe in glatt rechts:
10 x 10 cm = 28 M x 36 R

Körper für Pullover

240(264)288(312) M mit einer Rundnadel Nr. 3 anschlagen.

17 cm rund in Rippen mit Streifen str: 2 M re – 2 M li. Die Streifen sollen zwischen 1 und 5 Runden variieren. Die Farben können auch mitten in einer Runde wechseln.

Anstatt die Fäden zu vernähen, können diese auch zusammengefilzt werden: 7 cm von dem neuen und dem alten Fadenende übereinander in die Handfläche legen, so dass der neue Faden in Verlängerung des alten liegt. Die 7 cm anfeuchten und zwischen den Händen fest gegeneinanderreiben.

Dann mit der Hauptfarbe 18 Runden glatt re str.

1. Noppenreihe: *23 M re – 3 M aus der nächsten M herausstr, indem abwechselnd von vorne und von hinten in die M gestochen wird – wenden – 3 R glatt rechts über die Noppe str. Die Noppe abschließen, indem die anderen M über die 1. M gezogen werden – die letzten M über die erste M ziehen – diese M auf die Nd in der rechten Hand setzen ohne sie zu str.*
Von * bis * bis zum Reihenende wdh.
17 Runden glatt re str.

2. Noppenreihe: 11 M re – *eine Noppe str – 23 M re*. Von * bis * wdh. Mit einer Noppe enden – 12 M re. 17 Runden glatt re str.
Bis zum Ende der Arbeit zwischen 1. und 2. Noppenreihe wechseln.

Das Vorderteil und den Rücken teilen, wenn die Arbeit 39 cm misst. Wenn eine Anzahl von Reihen, z.B. 12 R nach einer Noppenreihe gestr sind, für die Armausschnitte abketten.

116(128)140(152)M re – 8 M abketten – 112(124)136(148)M re – 8 M abketten.
Vorderteil und Rücken nun einzeln weiterstr.

Vorderteil für Pullover

An jeder Seite 4 M abketten.
An jeder Seite 3 M abketten.
An jeder Seite 2(2)3(3)mal 2 M abketten.
An jeder Seite 3(3)5(5)mal 1 M abketten = 84(96)100(112)M.
Ohne Abnahmen weiterstr bis der Armausschnitt 12 cm misst.

M für den Halsausschnitt nicht abketten sondern stillsetzen.
Ab der Ärmelseite 39(43)47(51) M str. Wenden. 1 verschr Umschlag. Zurückstr.
35(39)43(47)M str. Wenden. 1 verschr Umschlag. Zurückstr.
32(36)40(44)M str. Wenden. 1 verschr Umschlag. Zurückstr.
29(32)37(41)M str. Wenden. 1 verschr Umschlag. Zurückstr.
27(30)35(39)M str. Wenden. 1 verschr Umschlag. Zurückstr.
25(28)33(37)M str. Wenden. 1 verschr Umschlag. Zurückstr.
23(26)31(35)M str. Wenden. 1 verschr Umschlag. Zurückstr.
22(25)30(34)M str. Wenden. 1 verschr Umschlag. Zurückstr.
21(24)29(33)M str. Wenden. 1 verschr Umschlag. Zurückstr.

Mit den Wenden fortsetzen, bis 19(21)23(27) M in der Rückreihe sind. Nach der letzten Wende keinen U machen. 8 R str. Ende an der Ärmelseite.

Die M so abketten, dass die Schultern schräg sind. Die höchste Stelle ist am Halsausschnitt: 6(7)7(9) M abketten. Die letzten 13(14)16(18) M str. Zurückstr.
6(7)8(9) M abketten. Die letzten 7(7)8(9) M str. Zurückstr.
Die letzten 7(7)8(9) M abketten.
Die andere Seite entsprechend str. An der Ärmelseite beginnen.

Körper für Jacke
Mit einer Rundnadel Nr. 3 250(274)298(322) M anschlagen.
Reihe 1 = Rückreihe: *2 M re – 2 M li* Von * bis * wdh. Mit 2 M re enden.
Reihe 2 = 1 M re – 1 M li –*2 M re – 2 M li*. Von * bis * wdh. Enden mit 2 M re – 1 M li – 1 M re.
Reihe 1 und 2 wdh.
Nach 16 cm ein Knopfloch in einer Reihe 2 str.
Knopfloch: 1 M re – 1 M li – 2 M re – 1 U – 2 M li zus –*2 M re – 2 M li*. Von * bis * wdh. Enden mit 2 M re – 1 M li – 1 M re.
Reihe 1 str.
Zur Hauptfarbe wechseln und in einer Hinreihe str: 1 M re – 1 M li – 2 M re – 2 M li – 238(262)286(310) M re – 2 M li – 2 M re – 1 M li – 1 M re.
An jeder Seite die äußersten 6 M bis zum Halsausschnitt in Rippen str. Alle anderen M in glatt re str.
17 Rd gerade hochstr.

1. Noppenreihe mit Knopfloch: 1 M re – 1 M li – 2 M re – 1 U – 2 M li zus – 22 M re – *3 M aus der nächsten M herausstr (abwechselnd von vorne und von hinten in die M stechen) – wenden – 3 R glatt re über die Noppe str. Die anderen Maschen über die 1. M ziehen – die letzten M über die erste M – diese M auf die Nd in der rechten Hand setzen ohne sie zu str – 23 M re*. Von * bis * wdh. Enden mit 2 M li – 2 M re – 1 M li – 1 M re. 17 Rd glatt re str.

2. Noppenreihe mit Knopfloch: 1 M re – 1 M li – 2 M re – 1 U – 2 M li zus – 10 M re – *eine Noppe str – 23 M re*. Von * bis * wdh. Mit einer Noppe enden – 11 M re – 2 M li – 2 M re – 1 M li – 1 M re. 17 Rd glatt re str.

Zwischen 1. und 2. Noppenreihe mit Knopflöchern bis zum Ende der Jacke wechseln.

Wenn die Arbeit 39 cm misst, in einer Rückreihe für die Armausschnitte abketten.
2 M re – 2 M li – 2 M re – 55(61)67(73) M li – 8 M abketten – 112(124)136(148) M li – 8 M abk – 55(61)67(73) M li – 2 M re – 2 M li – 2 M re.

Das Vorder- und Rückenteil nun einzeln weiterstr.

Vorderteil für Jacke
Mit Knopflöchern fortfahren, insgesamt 7mal.
An der Ärmelseite 4 M abketten.
An der Ärmelseite 3 M abketten.
An der Ärmelseite 2(2)3(3)mal 2 M abketten.
An der Ärmelseite 3(3)5(5)mal 1 M abketten
= 47(53)55(61) M.
Str bis der Armausschnitt 12 cm misst und fortsetzen wie unter Vorderteil für Pullover beschrieben.
Das andere Vorderteil auf die gleiche Weise str. Mit einer Hinreihe beginnen.

Rücken für Pullover und Jacke mit einer Hinreihe beginnen.
An jeder Seite 3 M abketten.
An jeder Seite 4mal 2 M abketten.
An jeder Seite 3(3)7(7)mal 1 M abketten = 84(96)100(112) M. Weiterstr bis der Armausschnitt 17(17)19(19)cm misst.

Für den Nacken M stilllegen.
30(34)34(38) M str. Wenden. 1verschr Umschlag. Zurückstr.
26(28)30(34) M str. Wenden. 1verschr Umschlag. Zurückstr.
23(25)27(31) M str. Wenden. 1verschr Umschlag. Zurückstr.
21(23)25(29) M str. Wenden. 1verschr Umschlag. Zurückstr.
20(22)24(28) M str. Wenden. 1verschr Umschlag. Zurückstr.
19(21)23(27) M str. Wenden. Ohne Umschlag zurückstr.
Die Schulterm wie beim Vorderteil abketten. Die andere Seite auf die gleiche Weise stricken.

Halsrand für Pullover

Von der re Seite die Schultern zusammennähen.

In einer Hinreihe ab der Schulternaht bis zu den stillgelegten Maschen 10 M aufstr – 1 M re – Umschlag mit der nächsten M zus str. Fortsetzen bis zum U und diesen mit der nächsten M re zus str. Nach den mittleren 6(10)6(10) M den U mit der vorherigen M zus str. Nach der letzten M 10 neue M bis zur Schulter aufstr. Nach der Schulter 4 neue M aufstr. 1 M re – U mit nächster M zus str. Wiederholen.

Auf der anderen Seite der mittleren Nackenmaschen die Umschläge mit der vorherigen M zus str. Nach der letzten M 4 neue M bis zur Schulter herausstr = 120(136)136(144) M.

8 Runden in Rippen 2 M re – 2 M li str. Locker in Rippen abketten.

Halsrand oder Kragen für Jacke

In einer Hinreihe die ersten 6 M am Anfang des rechten Vorderteiles in Rippen str. Re str bis zur letzten M vor dem U. Die M mit dem U zus str. Wiederholen. Nach der letzten M 10 neue M bis zur Schulter herausstr. Nach der Schulter 4 neue M herausstr. 1 M re – U mit der nächsten M zus str. Wiederholen. Nach den mittleren Nackenmaschen die Umschläge mit der vorherigen M zus str. Nach der letzten M 4 neue M bis zur Schulter herausstr. 10 M ab der Schulternaht bis zu den stillgelegten M str. 1 M re – U mit der nachfolgenden M zus str. Wiederholen. Die letzten 6 M in Rippen str.= 130(146)146(154) M.

7 Rd in Rippen str: 2 M re – 2 M li.
Alle M locker in Rippen abketten oder mit dem Kragen fortsetzen.

Kragen

Nun 3 R Rippen str.

1. Zunahme: 1 M re – 1 M li – 2 M re – *1 neue M re verschr aus dem Querfaden zwischen den M herausstr – 16 M in Rippen*. Wdh die Zunahmen so lange wie möglich. In der nächsten R die Zunahmen li str.

Nun 6 R Rippen str.

2. Zunahme: 1 M re – 1 M li – 3 M re – 2 M li – 2 M re – 2 M li – 2 M re – *1 neue M – 17 M in Rippen*. So lange wie möglich wdh. Die neuen M li str.

Nun 6 R in Rippen str.

3. Zunahme: 1 M re – 1 M li – 3 M re – 2 M li – 2 M re – *1 neue M – 18 M in Rippen*. So lange wie möglich wdh. Die neuen M li str.

Nun 6 R in Rippen str.

4. Zunahme: 1 M re – 1 M li – 3 M re – 2 M li – 3 M re – 2 M li – 3 M re – 2 M li – 2 M re – *1 neue M – 19 M in Rippen*. So lange wie möglich wdh. Locker in Rippen abketten, wenn der Kragen 13 cm misst.

Ärmel für Pullover und Jacke

64(64)72(72) M auf Strumpfnadeln anschlagen und bis zur Kuppe in Runden str. Sobald wie möglich zur Rundnadel wechseln.

12 cm rundstr in Rippen 2 M re – 2 M li mit Streifen wie am Körper. Danach glatt re mit der Hauptfarbe str. In der 1. Runde am Anfang und am Ende nach der 1. M und vor der letzten M eine Zunahme.

Die Zunahmen in jeder 12.(12.)10.(10.) Runde bis es 84(84) 96(96) M sind.

Nach 18 glatt re gestr Runden kommt die erste Noppenreihe: 10(10)2(2) M re – * Noppe – 23 M re*. Von * bis * wdh. Enden mit 9(9)1(1) M re.

17 Rd glatt re str. Die 2. Noppenreihe str, in der die Noppen mittig zwischen den Noppen der 1. Reihe sitzen. Die 1. und 2. Noppenreihe bis zum Ende des Ärmels wdh.

Weiterstr bis der Ärmel 47 cm misst.
Den Ärmel nach z.B. 2 R nach den Noppen teilen und am Beginn der R 3 M abketten. Die R zu Ende str. In der Linksreihe ebenfalls 3 M abketten.
An jeder Seite abketten: 2 mal 2 M.
23(23)24(24)mal 1 M = 24(24)34(34) M.
2(2)3(3)mal 2 M. 1(1)2(2)mal 3 M.
Die letzten 10 M abketten. Den anderen Ärmel auf die gleiche Weise stricken.

Fertigstellung

Die Ärmel mit Nadeln feststecken und sie dann von der rechten Seite einnähen.
Die Fäden vernähen. Die Knöpfe an die Jacke nähen.

Herbst

Laubfall Regentropfen Lange Schatten Felder Laubfall Regentropfen Lange Schatten Felder Laubfall
Lange Schatten Felder Laubfall Regentropfen Lange Schatten Felder Laubfall Regentropfen Lange
Felder Laubfall Regentropfen Lange Schatten Felder Laubfall Regentropfen Lange Schatten Felder
tropfen Lange Schatten Felder Laubfall Regentropfen Lange Schatten Felder Laubfall Regentropfen
Felder Laubfall Regentropfen Lange Schatten Felder Laubfall Regentropfen Lange Schatten Felder
gentropfen Lange Schatten Felder Laubfall Regentropfen Lange Schatten Felder Laubfall Regentrop

Regentropfen Lange Schatten Felder Laubfall

Laubfall

Laubfall Regentropfen Lange Schatten Felder Laubfall Regentropfen Lange Schatten Felder Laubfall Regentropfen Lange Schatten Felder Laubfall Regentropfen Lange Schatten Felder Laubfall Regentropfen Lange Schatten Felder Laubfall Regentropfen Lange Schatten Felder Laubfall Regentropfen Lange Schatten Felder Laubfall Regentropfen Lange Schatten Felder Laubfall Regentropfen Lange Schatten Felder

Größen: S (M) L (XL)
Taillenweite: 74(86)98(110) cm
Länge: 53 cm

Material:
200(100)200(200) g Isager Alpaka 1 Farbe 402
150(170)200(220) g Reste in Tvinni
Diese beiden Fäden zusammen stricken.

2 cm breites Gummiband für die Taille.

Verwendete Rundnadel Nr. 3½
Für den Bund Nr. 3

Maschenprobe in glatt rechts:
10 x 10 cm = 24 M x 34 R

Der Rock beginnt oben mit 11(13)15(17) kraus rechts gestrickten Dreiecken.
Danach mit einer Rundnadel den Rand entlang Maschen aufstricken und abwärts fortsetzen.

Dreiecke

Mit Alpaka 1 und Tvinni 1 M anschlagen.
*2 M aus dieser 1 M herausstr.
2 M zurückstr.
1 M re – 2 M aus der letzten M herausstr.
3 M re zurückstr.
2 M re – 2 M aus der letzen M.
4 M re zurückstr.
3 M re – 2 M aus der letzten M.
5 M re zurückstr.
4 M re – 2 M aus der letzten M.
6 M re zurückstr.
5 M re – 2 M aus der letzten M.
7 M re zurückstr.
6 M re – 2 M aus der letzten M.
8 M re zurückstr.
7 M re – 2 M aus der letzten M.
9 M re zurückstr
8 M re – 2 M aus der letzten M.
1 R re zurückstr – wenden und mit der letzten M wieder bei * beginnen.

Von * bis * wdh, bis es 10(12)14(16) kraus gestrickte Dreiecke gibt. Noch ein Dreieck str, aber enden mit: 9 M re zurück str.

9 M aus der Seite herausstricken, an der keine 2 M aus der letzten M herausgestrickt wurden. *Die 9 M von der Seite auf der Nd str – 9 M aus der anderen Seite aufstricken*.

Über alle Dreiecke von * bis * wdh = 198(234) 270(306) M.

Rundstr im Zick-Zack-Muster mit Streifen in beliebig wechselnder Breite.
Bei einem Wechsel des Wollfadens, kann man die Fäden zusammenfilzen, anstatt sie zu vernähen: 7 cm von dem neuen und alten Ende abwickeln. Die 7 cm langen Enden in der Handfläche übereinanderlegen, so dass der neue Faden in Verlängerung des alten liegt. Die 7 cm anfeuchten und die Hände fest gegeneinander reiben.

Runde 1: 198(234)270(306) M re.
Runde 2: *1 M re – 2 M re zus – 5 M re – 1 U – 2 M re – 1 U – 5 M re – 2 M re verschr zus – 1 M re*. Bis zum Reihenende von * bis * wdh.
Runde 1 und 2 wdh, bis insgesamt 13 Runden gestrickt sind.

Zunahmen str: *8 M re – 1 U – 2 M re – 1 U – 8 M re*. Bis zum Reihenende von * bis * wdh.
Runde 1: 220(260)300(340) M re.
Runde 2: *1 M re – 2 M re zus – 6 M re – 1 U – 2 M re – 1 U – 6 M re – 2 M re verschr zus – 1 M re*. Bis zum Reihenende von * bis * wdh.
Runde 1 und 2 wdh, bis insgesamt 13 Runden gestrickt sind.

Zunahmen str: *9 M re – 1 U – 2 M re – 1 U – 9 M re*. Bis zum Reihenende von * bis * wdh.

Runde 1: 242(286)330(374) M re.
Runde 2: *1 M re – 2 M re zus – 7 M re – 1 U – 2 M re – 1 U – 7 M re – 2 M re verschr zus – 1 M re*. Bis zum Reihenende von * bis * wdh.
Runde 1 und 2 wdh, bis insgesamt 13 Runden gestrickt sind.

Zunahmen str: *10 M re – 1 U – 2 M re – 1 U – 10 M re*. Bis zum Reihenende von * bis * wdh.
Runde 1: 264(312)360(408) M re.

Runde 2: *1 M re – 2 M re zus – 8 M re – 1 U – 2 M re – 1 U – 8 M re – 2 M re verschr zus – 1 M re*. Bis zum Reihenende von * bis * wdh.
Runde 1 und 2 wdh, bis insgesamt 17 Runden gestrickt sind.

Zunahmen str: *11 M re – 1 U – 2 M re – 1 U – 11 M re*. Bis zum Reihenende von * bis * wdh.
Runde 1: 286(338)390(442) M re.
Runde 2: .*1 M re – 2 M re zus – 9 M re – 1 U – 2 M re – 1 U – 9 M re – 2 M re verschr zus – 1 M re*. Bis zum Reihenende von * bis * wdh.
Runde 1 und 2 wdh, bis insgesamt 21 Runden gestrickt sind.

Zunahmen str: *12 M re – 1 U – 2 M re – 1 U – 12 M re*. Bis zum Reihenende von * bis * wdh.
Runde 1: 308(364)420(476) M re.
Runde 2: .*1 M re – 2 M re zus – 10 M re – 1 U – 2 M re – 1 U – 10 M re – 2 M re verschr zus – 1 M re*. Bis zum Reihenende von * bis * wdh.
Runde 1 und 2 wdh, bis insgesamt 25 Runden gestrickt sind.

Zunahmen str: *13 M re – 1 U – 2 M re – 1 U – 13 M re*. Bis zum Reihenende von * bis * wdh.
Runde 1: 330(390)450(510) M re.
Runde 2: .*1 M re – 2 M re zus – 11 M re – 1 U – 2 M re – 1 U – 11 M re – 2 M re verschr zus – 1 M re*. Bis zum Reihenende von * bis * wdh.
Runde 1 und 2 wdh, bis der Rock 53 cm lang ist.
Alpaka 1 abschneiden.
Den BELEG mit einem Faden Tvinni str.
1 Runde re, danach eine Runde li str.
1. Runde: re M.
2. Runde: *1 M re – 1 U – 11 M re – 2 M re zus – 2 M re – 2 M re verschr zus – 11 M re – 1 U – 1 M re*. Bis zum Reihenende von * bis * wdh.
Diese 2 Runden insgesamt 4mal str. Noch eine Runde re str. Locker abketten.

Bund

Mit Nadel Nr. 3 und einem Faden Tvinni 206(238) 270(302) M anschlagen. 3 cm glatt re str. Möglichst locker abketten.

Fertigstellung

Den Bund lose an die Innenseite annähen, ½ cm von der Kante entfernt. Ein kleines Loch für das Gummiband offen lassen. Fäden vernähen.
Den BELEG unten an der Innenseite mit einem Nähfaden festnähen.

Regentropfen

ubfall Regentropfen Lange Schatten Felder Laubfall Regentropfen Lange Schatten Felder Laubfall
en Lange Schatten Felder Laubfall Regentropfen Lange Schatten Felder Laubfall Regentropfen Lang
lder Laubfall Regentropfen Lange Schatten Felder Laubfall Regentropfen Lange Schatten Felder Lau
ntropfen Lange Schatten Felder Laubfall Regentropfen Lange Schatten Felder Laubfall Regentropfen L
n Felder Laubfall Regentropfen Lange Schatten Felder Laubfall Regentropfen Lange Schatten Felder
egentropfen Lange Schatten Felder Laubfall Regentropfen Lange Schatten Felder Laubfall Regentrop
hatten Felder Laubfall Regentropfen Lange Schatten Felder Laubfall Regentropfen Lange Schatten Fe

Größen: S (M) L (XL)

Halbe Brustweite: 46(49)55(60) cm
Körperlänge unter den Ärmeln: 36(36)38(40) cm
Ärmellänge unter den Ärmeln: 46 cm

Material
für Pullover mit ¾ Ärmeln:

200(250)300(300)g Viscolin Farbe 6107
100(100)200(200)g Isager Alpaka 1 Farbe 402.
Die zwei Fäden zusammen stricken.

Material
für Pullover mit langen Ärmeln:

200(250)300(350)g Viscolin Farbe 6107
100(200)200(200)g Isager Alpaka 1 Farbe 402.
Die zwei Fäden zusammen stricken.

Verwendete Rundnadel und Strumpfnadel Nr. 3½

Maschenprobe in Rippen 3 M re – 3 M li:
10 x 10 cm = 22 M x 30 R.
Es ist wichtig, die Maschenprobe einzuhalten.

Passe

Mit der Rundnd 133(147)161(161) M anschlagen. 5 Runden str: *2 M re – 1 M li – 3 M re – 1 M li*. Von * bis * wdh.

1. Zunahme: *1 M re – 1 neue M re (verschr aus dem Querfaden herausstr) – 1 M re – 1 M li – 3 M re – 1 M li – 2 M re – 1 M li – 3 M re – 1 M li*. Bis zum Reihenende von * bis * wdh. Enden mit: 1 M re – 1 neue M re – 1 M re – 1 M li – 3 M re – 1 M li = 143(158)173(173) M.
In der nächsten Runde Noppen mittig in der Rechtsrille str, in der eine neue M aufgenommen wurde: *1 M re – (6 M aus der nächsten M herausstricken, indem abwechselnd von vorne und von hinten in die M gestochen wird. Wenden. Über die 6 M 5 R glatt re str. Dabei mit einer Linksreihe beg. Die Noppe abketten, indem die 2. M über die 1. M gehoben wird. Die neue 2. M über die 1. M heben. Wdh bis nur 1 M übrig ist. Die M auf die rechte Nadel heben = Noppe) – 1 M re – 1 M li – 3 M re – 1 M li – 2 M re – 1 M li – 3 M re – 1 M li*. Bis zum Reihenende von * bis * wdh.
Enden mit: 1 M re – Noppe – 1 M re – 1 M li – 3 M re – 1 M li.
5 Runden str: *3 M re – 1 M li – 3 M re – 1 M li – 2 M re – 1 M li – 3 M re – 1 M li*. Bis zum Reihenende von * bis * wdh.
Enden mit: 3 M re – 1 M li – 3 M re – 1 M li.

2. Zunahme: *3 M re – 1 M li – 3 M re – 1 M li – 1 M re – 1 neue M re – 1 M re – 1 M li – 3 M re – 1 M li*. Bis zum Reihenende von * bis * wdh = 152(168)184(184) M.
Enden mit: 3 M re – 1 M li – 3 M re – 1 M li.
Noppen mittig in der Rechtsrille str, in der eine neue M aufgenommen wurde: *3 M re – 1 M li – 3 M re – 1 M li – 1 M re – Noppe – 1 M re – 1 M re – 1 M li – 3 M re – 1 M li*. Bis zum Reihenende von * bis * wdh.
Enden mit: 3 M re – 1 M li – 3 M re – 1 M li.
5 Runden str: *3 M re – 1 M li*.

3. Zunahme: *3 M re – 1 M li – 3 M re – 1 neue M li – 1 M li*. Bis zum Reihenende von * bis * wdh = 171(189)207(207) M.
5(5)6(6) Noppen beliebig verteilt über die Reihe str. Diese wird bis zum Reihenende mit *3 M re – 1 M li – 3 M re – 2 M li* gestrickt. Die Noppen mittig in den Rechtsrillen platzieren.
4(5)6(8) Runden str: *3 M re – 1 M li – 3 M re – 2 M li*. Bis zum Reihenende von * bis * wdh.

4. Zunahme: *3 M re – 1 neue M li – 1 M li – 3 M re — 2 M li*. Bis zum Reihenende von * bis * wdh = 190(210)230(230) M.
5(5)6(6) Noppen beliebig verteilt über die Reihe str. Diese wird bis zum Reihenende mit *3 M re – 2 M li* gestrickt. Bis zum Reihenende von * bis * wdh.
4(5)6(8) Runden str: *3 M re – 2 M li*. Bis zum Reihenende von * bis * wdh.

5. Zunahme: *3 M re – 2 M li – 3 M re – 2 M li – 1 neue M li*. Bis zum Reihenende von * bis * wdh = 209(231)253(253) M.
5(5)6(6) Noppen beliebig verteilt über die Reihe str. Diese wird bis zum Reihenende mit *3 M re – 2 M li – 3 M re – 3 M li* gestrickt.
4(5)6(8) Runden str: *3 M re – 2 M li – 3 M re – 3 M li*. Bis zum Reihenende von * bis * wdh.

6. Zunahme: *3 M re – 2 M li – 1 neue M li – 3 M re – 3 M li*. Bis zum Reihenende von* bis * wdh = 228(252)276(276) M.
5(5)6(6) Noppen beliebig verteilt über die Reihe str. Diese wird bis zum Reihenende mit *3 M re – 3 M li* gestrickt. Bis zum Reihenende von * bis * wdh.
* 3 M re – 3 M li* bis zum Reihenende str und die Passe 15(16)17(19) cm misst.

Körper

In Rippen 3 M re – 3 M li fortsetzen. mit 3 M beginnen = Beginn am Ärmelloch.
33(39)45(45) M für die Ärmel auf einen Hilfsfaden setzen – 21(21)27(39) M in Verlängerung der Maschen auf der Nadel anschlagen – 81(87)93(93) M str – 33(39)45(45) M für den Ärmel auf einen Hilfsfaden setzen – 21(21)27(39) M in Verlängerung der M auf der Nd anschlagen – 81(87)93(93) M str = Beginn am Ärmelloch = 204(216)240(264) M.

Für die Halsrundung mit Wenden str. Der Pulli wird im Rücken und am Vorderteil unterschiedlich gestrickt. In Rippen fortsetzen.
Reihe 1: 25(25)31(43) M. Wenden. 1 U.
Reihe 2: 35(35)41(53) M. Wenden. 1 U.
Reihe 3: 35(35)41(53) M – den U mit der nächsten M li zus str – 5 M. Wenden. 1 U.
Reihe 4: 41(41)47(59) M – U mit nächster M re zus str – 11 M. Wenden. 1 U.
Reihe 5: 53(53)59(71) M – U mit nächster M li zus str – 5 M. Wenden. 1 U.
Reihe 6: 59(59)65(77) M – U mit nächster M re zus str – 11 M. Wenden. 1 U.
Reihe 7: 71(71)77(89) M – U mit nächster M li zus str – 5 M. Wenden. 1 U.

Für das Vorderteil um den ganzen Rücken herum stricken.
Reihe 8: 77(77)83(95) M – U mit nächster M re zus str – 71(77)89(101) M. Wenden. 1 U.
Reihe 9: 35(35)41(53) M – Wenden. 1 U.
Reihe 10: 35(35)41(53) M – U mit nächster M re zus str – 5 M. Wenden. 1 U.
Reihe 11: 41(41)47(59) M – U mit nächster M li zus str – 11 M. Wenden. 1 U.
Reihe 12: 53(53)59(71) M – U mit nächster M re zus str – 5 M. Wenden. 1 U.
Reihe 13: 59(59)65(77) M – U mit nächster M li zus str – 11 M. Wenden. 1 U.
Reihe 14: 71(71)77(89) M – U mit nächster M re zus str – 5 M. Wenden. 1 U.

Nun für das Vorderteil jedes Mal über die Rückenmaschen str.
Reihe 15: 77(77)83(95) M – U mit nächster M li zus str – 89(95)107(119) M – U mit nächster M li zus str – 5 M. Wenden. 1 U.
Reihe 16: 173(179)197(221) M – U mit nächster M re zus str – 5 M. Wenden. 1 U.
Reihe 17: 179(185)203(227) M – U mit nächster M li zus str – 5 M. Wenden. 1 U.
Reihe 18: 185(191)209(233) M – U mit nächster M re zus str – 5 M. Wenden. 1 U.
Reihe 19: 191(197)215(239) M – U mit nächster M li zus str – 5 M. Wenden. 1 U.
Reihe 20: 197(203)221(245) M – U mit nächster M re zus str – 5 M. Wenden. 1 U.
Reihe 21: 203(209)227(251) M.

Größe S: 3 M li zus str = Umschlag + nächste M + Umschlag.
Größe (M)L(XL): Umschlag li mit nächster M zus str – (5)11(11) M – nächste M mit U li zus str.

ALLE GRÖSSEN: 151(157)175(193) M str. Danach in der nächsten Runde M abzählen. Die Seitennähte markieren.

11(11)13(14) cm str = 33(33)39(42) Runden überalle M: *3 M re – 3 M li*. Von * bis * wdh = 204(216)240(264) M.

Abnahmen für die Taille str
1. Abnahme: *3 M re – 3 M li – 3 M re – 2 M li zus – 1 M li*.
Von * bis * wdh = 187(198)220(242) M.
12 Runden str: *3 M re – 3 M li – 3 M re – 2 M li*. Von * bis * wdh.
2. Abnahme: *3 M re – 2 M li zus – 1 M li – 3 M re – 2 M li*. Von * bis * wdh = 170(180)200(220) M.

12 Runden str: *3 M re – 2 M li – 3 M re – 2 M li*. Von * bis * wdh.
Ab Ärmelloch = 24(24)26(28) cm. Wenn der Pullover länger oder kürzer gewünscht wird, können hier mehr oder weniger Runden gestrickt werden.

Zunahmen ab der Taille str
1. Zunahme: *3 M re – 2 M li – 3 M re – 2 M li – 1 neue M li*. Von * bis * wdh = 187(198)220(242) M.
6 Runden str: *3 M re – 2 M li – 3 M re – 3 M li*. Von * bis * wdh.
2. Zunahme: *3 M re – 2 M li – 1 neue M li – 3 M re – 3 M li*. Von * bis * wdh = 204(216)240(264) M.

6 Runden str: *3 M re – 3 M li – 3 M re – 3 M li*. Von * bis * wdh.
3. Zunahme: *3 M re – 3 M li – 3 M re – 3 M li – 1 neue M li*. Von * bis * wdh = 221(234)260(286) M.
6 Runden str: *3 M re – 3 M li – 3 M re – 4 M li*. Von * bis * wdh.
4. Zunahme: *3 M re – 3 M li – 1 neue M li – 3 M re – 4 M li*.
Von * bis * wdh = 238(252)280(308) M.
3 M re – 4 M li – 3 M re – 4 M li str. Von * bis * wdh, bis der Pullover 36(36)38(40) cm ab Ärmelloch misst. Bis zur gewünschten Länge fortsetzen.
In Rippen locker abketten: 3 M re – 4 M li – 3 M re – 4 M li.

Fertigstellung

Fäden vernähen. Eventuell eine kleine Markierung in den Nacken nähen, da es schwierig ist den Unterschied zwischen vorne und hinten zu sehen.

Ärmel

Die 33(39)45(45) M vom Hilfsfaden in Rippen str – 3 neue M aufstr – in Rippen 21(21)27(39) M ab Ärmelloch str – 3 neue M aufstr = 60(66)78(90) M.
Für die Ärmelbreite am Beginn der ersten Linksrille 1 neue M li str und danach in jeder zweiten Linksrille = 65(72)85(98) M.

22 cm str = 66 Runden: 4 M li – 3 M re – 3 M li – 3 M re.
1. Abnahme: *2 M li zus – 2 M li – 3 M re – 3 M li – 3 M re*. Von * bis * wdh.
Größe (M)L(XL) enden mit: 2 M li zus – 2 M li – 3 M re.

12 Runden str: 3 M li – 3 M re.
2. Abnahme: *3 M li – 3 M re – 2 M li zus – 1 M li – 3 M re*. Von * bis * wdh.
Größe (M)L(XL) enden mit: 3 M li – 3 M re.
12 Runden str: 3 M li – 3 M re – 2 M li – 3 M re.
3. Abnahme: *2 M li zus – 1 M li – 3 M re – 2 M li – 3 M re*. Von * bis * wdh.
Größe (M)L(XL) enden mit: 2 M li zus – 1 M li – 3 M re.
12 Runden str: 2 M li – 3 M re.
4. Abnahme: *2 M li – 3 M re – 2 M li zus – 3 M re*. Von * bis * wdh.
12 Runden str: 2 M li – 3 M re – 1 M li – 3 M re.
Die Ärmel sind nun ¾ lang. Locker abketten.

Lange Ärmel

5. Abnahme: *2 M li zus – 3 M re – 1 M li – 3 M re*.
Von * bis * wdh.
Größe (M)L(XL) enden mit: 2 M li zus – 3 M re.
1 M li – 3 M re stricken bis der Ärmel 46 cm lang ist oder die gewünschte Länge hat.
In Rippen locker abketten.

Den zweiten Ärmel auf die gleiche Weise stricken.

Lange Schatten

ubfall Regentropfen Lange Schatten Felder Laubfall Regentropfen Lange Schatten Felder Laubfall
en Lange Schatten Felder Laubfall Regentropfen Lange Schatten Felder Laubfall Regentropfen Lang
lder Laubfall Regentropfen Lange Schatten Felder Laubfall Regentropfen Lange Schatten Felder Lau
ntropfen Lange Schatten Felder Laubfall Regentropfen Lange Schatten Felder Laubfall Regentropfen
n Felder Laubfall Regentropfen Lange Schatten Felder Laubfall Regentropfen Lange Schatten Felder
gentropfen Lange Schatten Felder Laubfall Regentropfen Lange Schatten Felder Laubfall Regentrop
hatten Felder Laubfall Regentropfen Lange Schatten Felder Laubfall Regentropfen Lange Schatten Fe

Größe: S (M) L (XL)
Halbe Brustweite: 48(50)53(56) cm
Länge: 49(53)55(57) cm
Ärmellänge unter den Ärmeln: 45 cm

Material
Farbe A:
100(150)150(150) g Isager Alpaka 2 Farbe 011
100(100)100(150) g Spinni Farbe 47
Diese 2 Fäden zusammen stricken.
Farbe B:
150(200)200(200) g Isager Alpaka 2 Farbe 500
100(150)150(150)g Spinni Farbe 30
Diese 2 Fäden zusammen verstricken.
Farbe C:
5 g Tvinni in Farbe 15 für den Effektrand.
Tvinni mit doppeltem Faden stricken.

Teilbarer Reißverschluss 50(50)55(55) cm.

Verwendete Nadel Nr. 3½ und 3 für den Reißverschlussbeleg

Maschenprobe in kraus rechts mit doppeltem Faden:
10 x 10 cm = 21 M und 42 R

Körper

200(212)224(236) M anschlagen mit Farbe C und Nadel Nr. 3½.
1 Reihe re M str = Rückreihe. Den Faden abschneiden.
Zu den Farben A und B wechseln und kraus rechts str, d.h. Hinr re und Rückr re str. Die ersten und letzten 16(17)18(20)M mit Farbe A str. Die mittleren 168(178)188(196)M mit Farbe B str. Bei Farbwechsel die Fäden auf der Rückseite umeinanderdrehen, um Löcher zu vermeiden = Gobelintechnik.
Die Seitennähte mit einem Hilfsfaden markieren.
Vorderteil = 50(53)56(59) M
Rücken = 100(106)112(118) M.

Nach 6(7)7(8) cm in den Hinreihen Abnahmen für die Taille str.: 13(14)15(17) M – 2 M verschr zus – 2 M – 2 M zus – 28(30)32(33) M – 2 M verschr zus – 1 M – Seitennaht – 1 M – 2 M zus – 30(32)34(35) M – 2 M verschr zus – 2 M – 2 M zus – 22(24)26(30) M – 2 M verschr zus – 2 M – 2 M zus – 30(32)34(35) M – 2 M verschr zus – 1 M – Seitennaht – 1 M – 2 M zus – 28(30)32(33) M – 2 M verschr zus – 2 M – 2 M zus – 13(14)15(17) M = 188(200)212(224) M.

Nach weiteren 6(7)7(8) cm wieder von der Außenseite Abnahmen str: 12(13)14(15) M – 2 M verschr zus – 2 M – 2 M zus – 26(28)30(31) M – 2 M verschr zus – 1 M – Seitennaht – 1 M – 2 M zus – 28(30)32(33) M – 2 M verschr zus – 2 M – 2 M zus – 20(22)24(28) M – 2 M verschr zus – 2 M – 2 M zus – 28(30)32(33) M – 2 M verschr zus – 1 M – Seitennaht – 1 M – 2 M zus – 26(28)30(31) M – 2 M verschr zus – 2 M – 2 M zus – 12(13)14(15) M = 176(188)200(212) M.

Nach 8(9)9(9) cm für den Brustumfang Zunahmen str, dafür 1 M aus dem Querfaden zwischen zwei Maschen verschr herausstr: 13(14)15(17) M – 1 neue M – 2 M – 1 neue M – 28(30)32(33) M – 1 neue M – 1 M – Seitennaht – 1 M – 1 neue M – 30(32)34(35) M – 1 neue M – 2 M – 1 neue M – 22(24)26(30) M – 1 neue M – 2 M – 1 neue M – 30(32)34(35) M – 1 neue M – 1 M – Seitennaht – 1 M – 1 neue M – 28(30)32(33) M – 1 neue M – 2 M – 1 neue M – 13(14)15(17) M = 188(200)212(224) M.

Nach weiteren 6(7)7(7) cm wieder von der Außenseite Zunahmen für den Brustumfang str: 14(15)16(18) M – 1 neue M – 2 M – 1 neue M – 30(32)34(35) M – 1 neue M – 1 M – Seitennaht – 1 M – 1 neue M – 32(34)36(37) M – 1 neue M – 2 M – 1 neue M – 24(26)28(32) M – 1 neue M – 2 M – 1 neue M – 32(34)36(37) M – 1 neue M – 1 M – Seitennaht – 1 M – 1 neue M – 30(32)34(35) M – 1 neue M – 2 M – 1 neue M – 14(15)16(18) M = 200(212)224(236) M.
Str bis die Arbeit 30(34)35(36) cm misst.
An den Seitennähten die Arbeit teilen und jedes Teil für sich fertigstricken.

Rechtes Vorderteil

Von der Halsseite aus mit Farbe A 17(18)19(21) M str. Das ist eine M mehr als vorher. Zu Farbe B wechseln und bis zur Seitennaht str. Wenden. Für den Armausschnitt 4(4)5(6) M abketten. Dann noch 4(5)5(6)mal 1 M abketten. Und zum Schluss in jeder 4. R 1 M für den Armausschnitt abketten bis noch 41(41)42(44)M für das Vorderteil übrig sind. GLEICHZEITIG auf der rechten Seite die Anzahl der mit A gestrickten M nach 11 R um 1 M erweitern. Dann noch 2mal in jeder 8. Reihe um 1 M erweitern.

Danach in jeder 6. R noch 5mal um eine 1 M erweitern und bis zum Ende des Vorderteils in jeder 8. R.
ABER wenn der Armausschnitt 12(12)13(14) cm lang ist, den Halsausschnitt formen. Anstatt die Halsmaschen abzuketten diese ungestrickt lassen. mit diesen Halsmaschen wird später die Kapuze weitergestrickt.
Von der Ärmelseite aus str: 38(38)39(41) M. Wenden. 1 U verschr auf die Nd legen. Zurückstr.
35(35)36(37) M str. Wenden. 1 verschr U. Zurückstr.
32(32)33(35) M str. Wenden. 1 verschr U. Zurückstr.
30(30)31(33) M str. Wenden. 1 verschr U. Zurückstr.
28(28)29(31) M str. Wenden. 1 verschr U. Zurückstr.
26(26)27(29) M str. Wenden. 1 verschr U. Zurückstr.
25(25)26(28) M str. Wenden. 1 verschr U. Zurückstr.
24(24)25(27) M str. Wenden. 1 verschr U. Zurückstr.
23(23)24(26) M str. Wenden. 1 verschr U. Zurückstr.
22(22)23(25) M str. Wenden. KEINEN U.

5 Reihen gerade abstricken.
Von der Ärmelseite aus für die Schultern M abketten, so dass die Schultern schräg werden, mit dem höchsten Punkt am Nacken.
7-7-8(7-7-8)7-8-8-(8-8-9)M abketten.

Linkes Vorderteil
An der Ärmelseite mit dem Abketten beginnen. Die M in A an der Außenseite erweitern. Das Vorderteil wie das rechte Vorderteil fertigstr.

Rücken
An den Armausschnitten wie bei den Vorderteilen abketten. Die Abnahmen fortsetzen bis 82(82)84(88) M verbleiben.
Weiterstr bis die Armausschnitte 18(18)19(20) cm messen.
Die mittleren 38 M auf einem Maschenhalter stilllegen.
Für die Schultern wie bei den Vorderteilen abketten.

Kapuze oder Kragen
Mit Farbe A str.
Die Schultern von der Außenseite zusammennähen.
Nun mit den stillgelegten M der Vorderteile und des Rückens weiterstr, aber auch zusätzliche M aufnehmen.
Von der Außenseite die ersten beiden M auf die re Nd heben ohne sie zu str – die nächste M mit dem U zus str – bis 1 M vor den nächsten U str – diese mit dem U zus str. Fortsetzen bis keine M mehr da sind – aus jeder Rille eine neue M herausstr = 8 M – die Rückenm abstr – aus jeder Rille eine neue M herausstr = 8 M – 1 M str – den U mit der nächsten M zus str – weiterstr bis keine M mehr da sind = 92 M sind auf der Nd.
Zwischen Kragen oder Kapuze wählen.

Kragen
Nach 2 cm in der Nackenmitte 6mal in jeder 6. R zunehmen. Dafür an beiden Seiten der 2 mittleren M 1 neue M aus dem Querfaden re verschr herausstr = 104 M
Nach 10 cm locker abketten.

Kapuze
Nach 2 cm in der Nackenmitte zunehmen. Dafür an beiden Seiten der 2 mittleren M 1 neue M aus dem Querfaden re verschr herausstr = 94 M.
Diese Zunahmen noch 2mal in jeder 4. R arbeiten, danach in jeder 6. R.
GLEICHZEITIG: Nach 5(6)7(6) cm zu Beginn jeder Reihe Maschen stilllegen: Bis zu den 3 letzten M str. Wenden. 1 verschr U. An der anderen Seite wdh.

Bis zu den letzten 2 M + U vor der letzten Wende str. Wenden. 1 verschr U. An der anderen Seite wdh.
Bis zu 1 M + U vor der letzten Wende str. Wenden. 1 verschr U. Auf der anderen Seite wdh.
Bis zu 1 M + U vor der letzten Wende str. Wenden. 1 verschr U. Auf der anderen Seite wdh.
Bis zu 1 M + U vor der letzten Wende str. Wenden. KEINEN U. Auf der anderen Seite wdh.
Die stillgelegten M auf einen Hilfsfaden setzen. Sie werden erst wieder für den Kapuzenrand gebraucht.
Die Zunahmen in der Nackenmitte fortsetzen bis 100 M auf der Nd sind. So lange str bis die Kapuze 20 cm ist. Danach 4 cm gerade hoch str.

Nun in der Nackenmitte abnehmen: Vor den 2 mittelmaschen 2 M re verschr zus str und nach den mittelmaschen 2 M re zus str. Die Abnahmen 4mal in jeder 8. R str = 92 M. Danach 2mal in jeder 4. R = 88 M.

Und zum Schluss 2mal in jeder 2. R = 84 M.
Mit einer R auf der Kapuzeninnenseite enden.
Die letzten M auf zwei Nadeln verteilen und die beiden Kapuzenhälften rechts auf rechts aneinander legen. Von der Innenseite die gegenüberliegenden M zus str und gleichzeitig dabei locker abketten.

Ärmel

51(51)55(55) M mit Farbe C und Nd Nr. 3 ½ anschlagen.
1 R re str = Innenseite/Rückreihe. Den Faden abschneiden.
Zu Farbe A wechseln. 8 R re str.
Zu Farbe B wechseln. 8 R re str.
Den restlichen Ärmel in Streifen str.
Nach 18 R Streifen in jeder 18.(18.)20.(18.) R Zunahmen str, am Beginn und Ende der R innerhalb der äußersten Randmasche, bis 69(69)71(73)M erreicht sind.
Weiterstr bis 45 cm erreicht sind.

An jeder Seite 3 M abketten.
An jeder Seite 2 M abketten.
5(5)6(7)mal an jeder Seite 1 M abketten. 2 R str.
An jeder Seite 1 M abketten. 2 R str.
An jeder Seite 1 M abketten. 2 R str.
An jeder Seite 1 M abketten. 2 R str.
7mal an jeder Seite 1 M abketten.
5mal an jeder Seite 2 M abketten. Die letzten 9 M abketten.
Den anderen Ärmel auf die gleiche Weise str.

Kapuzenrand

Mit Farbe A str.
Von der Außenseite 2 M auf die re Nd heben ohne sie zu str – die nächste M mit dem folgenden U zus str – 1 M str – die nächste M mit dem U zus str – die nächste M mit dem U zus str – die nächste M mit dem U zus str – 1 M str – aus jeder Rille rund um die Kapuze eine neue M aufstr – 1 M str – 3mal U mit der nächsten M zus str – 1 M str – U mit der nachfolgenden M zus str – 2 M str.
Über alle M eine R str.
Verkürzte Reihen str, so dass der Kapuzenrand

oben ein bisschen breiter wird. Bis zu den letzten 10 M str. Wenden. 1 verschr U. An der anderen Seite wdh.

Bis 10 M vor der letzten Wende str. Der Umschlag zählt nicht mit. Wenden. 1 verschr U. Auf der anderen Seite wdh und weiter so bis auf beiden Seiten 3mal 10 M sind. Nach der letzten Wende hin zum U str, der mit der nächsten M zusgestr wurde – 9 M str – U mit der nächsten M zus str – 9 M str – U mit der nächsten M zus str – 9 M str. In der nächsten R werden die U auch mit den folgenden M zus gestr. Alle M locker abketten

Beleg für den Reißverschluss
Nadel Nr. 3.
Maschenprobe in glatt re mit Isager Alpaka 2:
10 x 10 cm = 28 M und 36 R.

Den Beleg mit 1 Faden Isager Alpaka 2 in Farbe A und Nd Nr. 3 quer und glatt re str.
Für 50 cm Reißverschluss 138 M anschlagen.
Für 55 cm Reißverschluss 150 M anschlagen.
5 R glatt re str. Erste R = Innenseite.
Zu Farbe C wechseln und damit abketten.
Den Beleg für die andere Seite auf die gleiche Weise str.

Fertigstellung
Die Jacke flach auf einen Tisch legen. Die Vorderteile sollen genau auf dem Rücken liegen.
Nun den Reißverschluss mit Nadeln feststecken. Unten evtl. einen kleinen Schlitz offen lassen.
Den Reißverschluss von rechts mit Nähgarn festnähen.

Die Belege hinter dem Reißverschluss ebenfalls mit Nähgarn festnähen. Den Abkettrand in C innen gegen den Reißverschluss nähen. Den Anschlagrand locker an die Innenseite der Jacke heften.

Die Ärmel erst von der rechten Seite zusammennähen und dann in die Armausschnitte nähen.
Alle Fäden vernähen.

Felder

Laubfall Regentropfen Lange Schatten Felder Laubfall Regentropfen Lange Schatten Felder Laubfall Regentropfen Lange Schatten Felder Laubfall Regentropfen Lange Schatten Felder Laubfall Regentropfen Lange Schatten Felder Laubfall Regentropfen Lange Schatten Felder Laubfall Regentropfen Lange Schatten Felder Laubfall Regentropfen Lange Schatten Felder Laubfall Regentropfen Lange Schatten Felder Laubfall Regentropfen Lange Schatten Felder Laubfall Regentropfen Lange Schatten Felder Laubfall Regentropfen Lange Schatten Felder

Herrengrößen: S (M) L (XL)
Halbe Brustweite: 53(58)66(71) cm
Länge: 64(64)69(69) cm
Ärmellänge unter den Ärmeln: 50 cm

Material:
Farbe A = 200(200)250(250) g Tvinni Farbe 47
Farbe B = 100(100)100(150) g Hochlandwolle Farbe Scots Pine
Farbe C = 100 g Hochlandwolle Farbe Sage Blue
Farbe D = 50 g Hochlandwolle Farbe Thistle

Reißverschluss 25 cm

Verwendete Nadel Nr. 3

Maschenprobe im Muster: 3 R re – 1 R li
10 x 10 cm = 28 M und 48 R

Rücken

Mit Farbe A 118(128)140(150) M anschlagen und den Bund str:

Rückreihe: 11(11)17(17) M re – *(1 M abheben mit dem Faden vor der Arbeit ohne die M zu str = 1 M li abh) – 18(20)20(22) M re*. Von * bis * wdh. Enden mit: 1 M li abh – 11(11)17(17) M re.

Mit Farbe B:
Reihe 1: alle M re
Reihe 2: (11(11)17(17) M re –*1 M li abh – 18(20)20(22) M re*. Von * bis * wdh. Enden mit: 1 M li abh – 11(11)17(17) M re.

Mit Farbe A:
Reihe 1 und 2 str.

Reihe 1 und 2 in Streifen weiterstr bis 36 R gestrickt sind. mit einer Reihe 1 mit Farbe A enden.

Reihe 2 mit A = Zunahme: 11(11)17(17) M re – *1 M li abh – 6 M re – 1 neue M verschr aus dem Querfaden zwischen den M herausstricken – 6(8)8(10) M re – 1 neue M – 6 M re*. Von * bis * wdh. Enden mit: 1 M li abh – 11(11)17(17) M re = 128(138)150(160) M.

Bund = 6½ cm.

Muster 1

Mit Farbe B:
Reihe 1: alle M re
Reihe 2: 1 M re – 10(10)16(16) M li – *1 M li abh – 20(22)22(24) M re – 1 M li abh – 20(22)22(24) M li*. Von * bis * wdh. Enden mit: 1 M li abh – 20(22)22(24) M re – 1 M li abh – 10(10)16(16) M li – 1 M re.

Mit Farbe A:
Reihe 3: alle M re
Reihe 4: 11(11)17(17) M re – *1 M li abh – 20(22)22(24) M li – 1 M li abh – 20(22)22(24) M re*. Von * bis * wdh. Enden mit: 1 M li abh – 20(22)22(24) M li – 1 M li abh – 11(11)17(17) M re.

Reihe 1 bis 4 im MUSTER 1mal wdh, aber in der 11.(11.)7.(7.) R nach dem Bund an jeder Seite innerhalb der äußersten Randm 1 neue M verschr aus dem Querfaden herausstr. Die neuen M in das Muster einfügen. Diese Zunahme in jeder 12.(12.)8.(8.) R wdh.

Bei Gr. S und (M) so lange zunehmen bis sich 7 Vierecke ergeben = 148(162) M.
Bei Gr. L und (XL) so lange zunehmen bis sich 7½ Vierecke ergeben = 184(200) M.

Insgesamt 38(38)42(42) R str.
Enden mit Farbe A: 1 R re – 1 R re mit M li abh.
Diese 40(40)44(44) R = MUSTER 1.

Muster 2

Mit Farbe B:
Reihe 1: alle M re.
Reihe 2: re bis zur li abgeh M – *1 M li abh – 20(22)22(24) M li – 1 M li abh – 20(22)22(24) M re*.
Von * bis * wdh. Enden mit: 1 M li abh – 20(22)22(24) M li – 1 M li abh – die restlichen M re.

Mit Farbe A:
Reihe 3: alle M re.
Reihe 4: 1 M re – li bis zur li abgeh M – *1 M li abh – 20(22)22(24) M re – 1 M li abh – 20(22)22(24) M li*.
Von * bis * wdh. Enden mit: 1 M li abh – 20(22)22(24) M re – 1 M li abh – die restlichen M li und die letzte M re str.

Insgesamt 38(38)42(42) R str.
Enden mit A: 1 Reihe re – 1 Reihe re mit M li abh. Diese 40(40)44(44) R = MUSTER 2. Nun sind der Bund + 2 Reihen Vierecke gestrickt.

Farbe B mit Farbe C auswechseln und MUSTER 1 und MUSTER 2 str.
Nun sind der Bund + 4 Reihen Vierecke gestrickt.

Abnahmen für den Armausschnitt stricken

Farbe C mit Farbe D auswechseln und MUSTER 1 str, aber GLEICHZEITIG an beiden Seiten die äußersten 2(3)6(7) M abketten. Danach 9(9)17(19)mal an beiden Seiten 1 M abketten = 126(138)138(148) M.
Muster 1 fortsetzen.
MUSTER 2 str.
Nun sind der Bund + 6 Reihen Vierecke gestr.

Mit Farbe A und D noch 23 R im MUSTER 1 str. In einer Rückreihe mit A die mittleren 20(22)22(24) M abketten. Jede Seite für sich weiterstr.
Zu Beginn der Reihe im Nacken 6mal 2 M abketten = es bleiben 41(46)46(50) M für die Schulter.
MUSTER 1 fertigstricken. Die M auf einen Hilfsfaden setzen.
Die andere Seite auf die gleiche Weise str. Am Nacken mit dem Abketten von 2 M beginnen.

Vorderteil

Wie den Rücken str bis das Vorderteil 4 Reihen Vierecke hat.
Das Vorderteil in der mitte teilen und jede Seite für sich weiterstr, gleichzeitig dabei die Armausschnitte wie beim Rücken arbeiten. Die M unmittelbar am Schlitz in allen R re str.

Im MUSTER mit Farbe A und D fortsetzen bis der Bund + 6 Vierecke gestr sind.
Mit MUSTER 1 und Farbe A und D fortsetzen und dabei die M für den Halsausschnitt abketten.
Zu Beginn jeder R ab Schlitz M abketten.
4 M abk.
3mal 3 M abk.
2mal 2 M abk.
1mal 5(6)6(7) M abke = 41(46)46(50) M.

MUSTER 1 fertigstr, aber dabei die letzten 2 R mit Farbe A weglassen. Vorderteil = 2 R kürzer als der Rücken.
Die M auf einen Hilfsfaden setzen. Das rechte Vorderteil auf dieselbe Weise stricken, aber an der Schlitzseite beginnen.

Ärmel

Mit Farbe A 65(65)69(73) M anschlagen und das Bündchen str.
Rückreihe: 13(11)13(13) M re – * 1 M li abh – 18(20)20(22) M re*. Von * bis * wdh.
Enden mit: 1 M li abh – 13(11)13(13) M re.
Mit Farbe B:
Reihe 1: re M
Reihe 2: 13(11)13(13) M re –*1 M li abh – 18(20)20(22) M re*.
Von * bis * wdh. Enden mit: 1 M li abh – 13(11)13(13) M re.
Mit Farbe A: Reihe 1 und 2 noch einmal str.

Reihe 1 und 2 in Streifen wdh bis 28 R erreicht sind. Enden mit Reihe 1 mit Farbe A.

Reihe 2 mit A = im MUSTER zunehmen:
Für Größe S und (M): 13(11) M re – *1 M li abh – 6 M re – 1 neue M aus dem Querfaden verschr herausstr – 6(8) M re – 1 neue M – 6 M re*.
Von * bis * wdh.
Enden mit: 1 M li abh – 13(11) M re.

Für Größe L und (XL): 4 M re – 1 neue M aus dem Querfaden verschr herausstr – 5 M re – 1 neue M – 4 M re – *1 M li abh – 6 M re – 1 neue M – 8(10) M re – 1 neue M – 6 M re*.
Von * bis * wdh. Enden mit: 1 M li abh – 4 M re – 1 neue M – 5 M re – 1 neue M – 4 M re = 69(69)77(81) M.
Bündchen = 5½ cm.

Muster 1
Mit Farbe B:
Reihe 1: alle M re.
Reihe 2: 1 M re – 12(10)14(14) M li – 1 M li abh – 20(22)22(24) M re – 1 M li abh – 20(22)22(24) M re – 1 M li abh – 13(11)15(15) M re.
Mit Farbe A:
Reihe 3: alle M re.
Reihe 4: 13(11)15(15) M re – 1 M li abh – 20(22)22(24) M li – 1 M li abh – 20(22)22(24) M re – 1 M li abh – 12(10)14(14) M li – 1 M re.

Reihe 1 bis 4 im MUSTER 1 wdh und GLEICHZEITIG dabei an den Seiten zunehmen.
Beidseitig in jeder 8. R zunehmen bis 117(123) 131(135) M auf der Nd sind. Die neuen M ins MUSTER einfügen. Sobald wie möglich ein neues Viereck an den Seiten beginnen.

Insgesamt 38(38)42(42) R str. Enden mit Farbe A: 1 R re M – 1 R re mit M li abh.
Diese 40(40)44(44) R = MUSTER 1.

Zu Muster 2 wechseln:
Mit Farbe B:
Reihe 1: alle M re.
Reihe 2: re bis zu der li abgeh M – *1 M li abh – 20(22)22(24) M li – 1 M li abh – 20(22)22(24) M re*. Von * bis * wdh. Enden mit: 1 M li abh – 20(22)22(24) M li – 1 M li abh – die

restlichen M li und die letzte M re.
Mit Farbe A:
Reihe 3: alle M re.
Reihe 4: 1 M re – li bis zu der li abgeh M – *1 M li abh – 20(22)22(24) M re – 1 M li abh – 20(22)22(24) M li*. Von * bis * wdh. Enden mit: 1 M li abh – die restlichen M re.

Insgesamt 38(38)42(42) R str. Enden mit Farbe A: 1 R re – 1 R re mit M li abh.
Diese 40(40)44(44) R = MUSTER 2.

Wieder Muster 1 str:
Ärmel = Bündchen + 3 Reihen Vierecke mit Farbe A und B. Das ist eine Reihe Vierecke mehr als am Körper.

Farbe B mit Farbe C auswechseln und wieder MUSTER 2 und MUSTER 1 str.
Ärmel = Bündchen + 5 Reihen Vierecke.
Farbe C mit Farbe D auswechseln.

Für Größe S und (M): 20 R von MUSTER 2 str.
Die M an den Seiten abketten, aber MUSTER 2 fertigstr und dann zu MUSTER 1 wechseln.

Für Größe L und (XL): MUSTER 2 und MUSTER 1 str, aber dabei an den Seiten abketten.
An jeder Seite 2(3)3(3)M abketten.
3(8)6(6)mal an jeder Seite 3(2)2(2)M abketten.
11(4)20(20)mal an jeder Seite 2(1)1(1)M abketten.
5(7)6(6)mal an jeder Seite 3(3)2(2) M abketten.
Die restlichen 21(35)37(41) M abketten.
Den anderen Ärmel genauso str.

Halsrand

Die M der Schulter wieder auf Nadeln setzen. Die Schultern von der linken Seite zusammenstr. Dafür die Nadeln rechts auf rechts legen. mit Farbe A in die M von beiden Nadeln stechen, zusammen stricken und dabei gleichzeitig abketten.

Mit Farbe A von der rechten Seite Maschen am rechten Vorderteil aufstricken: 10(11)11(12) M bis zu der abgeh M – 1 M aus der abgeh M aufstr – 18(19)20(20) M bis zur Schulternaht – 1 M aus der Schulternaht aufstr – 15(15)17(17) M bis zur abgeh M – 1 M aus der abgeh M – 20(22)22(24) M im Nacken – 1 M aus der abgeh M – 15(15)17(17) M bis zur Schulter – 1 M aus der Schulternaht – 18(19)20(20) M bis zur abgeh M – 1 M aus der abgeh M – 10(11)11(12) M re.

Reihe 1: 10(11)11(12) M re – 1 M li abh – 18(19)20(20) M re – 1 M li abh – 15(15)17(17) M re – 1 M li abh – 20(22)22(24) M re – 1 M li abh – 15(15)17(17) M re – 1 M li abh – 18(19)20(20) M re – 1 M li abh – 10(11)11(12) M re.
Zu Farbe D wechseln.
Reihe 2: alle M re.
Reihe 3: wie R 1.
Wieder zu Farbe A wechseln und Reihe 2 und 1 str. mit Farbe A und D 33 R im Streifenmuster mit abgeh M str = 17 Streifen. Der letzte Streifen = Farbe A. Die Fäden abschneiden.

Beleg

Zu Farbe B wechseln und 22 R glatt re str. Die mittleren 52(54)58(60)M abketten und nun jede Seite für sich weiter arbeiten.
Damit die Belege gleichmäßig unter den Vorderteilen liegen, an der Seite der Schulter 10 neue M anschlagen, in Richtung der abgeketteten Nackenmaschen.
Die 10 neuen M str – wenden – 1 verschr U – zurückstr.
Die 10 M str – den U mit der nächsten M re zus str – 1 M re – wenden – 1 verschr U – zurückstr.
*1 M abketten – bis zum U str, diesen mit der nächsten M re zus str – 1 M re – wenden – 1 verschr U – zurückstr.
Bis zum U str, diesen mit der nächsten M re zus str – 1 M re – wenden – 1 verschr U – zurückstr*. Auf diese Weise wird zu Beginn jeder 4. R an der dem Hals entgegengesetzten Seite 1 M abgekettet. Diese 4 R von * bis * wdh bis alle M mitgestrickt sind. Danach zu Beginn jeder 2. R 1 M abketten.
Wenn noch 12 M auf der Nd sind, den Beleg mit Farbe B 25 cm lang str. Alle M abketten.

Die andere Seite auf die gleiche Weise stricken. Am Hals beginnen und 10 neue M anschlagen in Richtung Schulter.

Fertigstellung

Den Beleg im Nacken annähen. Die 10 neuen Belegmaschen an die Schulternaht nähen. Den Reißverschluss mit Heftnadeln am Schlitz befestigen und mit einem Nähfaden von der Außenseite festnähen. Auf die gleiche Weise den Beleg am Reißverschluss befestigen. Die Belegseiten und den Bund von der Innenseite annähen.
Die Seitennähte schließen. Die Ärmel von der Außenseite zusammennähen. Die Ärmel in die Armausschnitte heften und von der rechten Seite festnähen. Die Fäden vernähen.

Winter

ost Jahresringe Spinnennetz und Spinne Jahreszeiten Frost Jahresringe Spinnennetz und Spinne Jahreszeiten
resringe Spinnennetz und Spinne Jahreszeiten Frost Jahresringe Spinnennetz und Spinne Jahreszeiten Frost J
ge Spinnennetz und Spinne Jahreszeiten Frost Jahresringe Spinnennetz und Spinne Jahreszeiten Frost Jahres
innennetz und Spinne Jahreszeiten Frost Jahresringe Spinnennetz und Spinne Jahreszeiten Frost Jahresringe S
z und Spinne Jahreszeiten Frost Jahresringe Spinnennetz und Spinne Jahreszeiten Frost Jahresringe Spinner
Spinne Jahreszeiten Frost Jahresringe Spinnennetz und Spinne Jahreszeiten Frost Jahresringe Spinnennetz

hresringe Spinnennetz und Spinne Ja
Spinnennetz und Spinne Jahreszeiten
innennetz und Spinne Jahreszeiten F
und Spinne Jahreszeiten Frost Ja
Spinne Jahreszeiten Frost Jahre
Jahreszeiten Frost Jahresringe

Frost

Frost Jahresringe Spinnennetz und Spinne Jahreszeiten Frost Jahresringe Spinnennetz und Spinne Jahreszeiten Frost Jahresringe Spinnennetz und Spinne Jahreszeiten Frost Jahresringe Spinnennetz und Spinne Jahreszeiten Frost Jahresringe Spinnennetz und Spinne Jahreszeiten Frost Jahresringe Spinnennetz und Spinne Jahreszeiten Frost Jahresringe Spinnennetz und Spinne Jahreszeiten Frost Jahresringe Spinnennetz und Spinne Jahreszeiten Frost Jahresringe Spinnennetz und Spinne Jahreszeiten Frost Jahresringe Spinnennetz und Spinne Jahreszeiten Frost Jahresringe Spinnennetz und

Herrengröße: S (M) L (XL)

Halbe Brustweite: 51(55)61(65) cm
Länge: 60(65)70(70) cm
Ärmellänge unter den Ärmeln: 46(50)53(53) cm

Material:

250(300)350(350) g Isager Alpaka 2 Farbe 019
200(250)300(300) g Spinni Farbe 2s
Diese beiden Fäden zusammen stricken.

1 Reißverschluss 30(35)35(35) cm

Verwendete Rundnadel und Strumpfnadel Nr. 3½

Maschenprobe in glatt rechts:
10 x 10 cm = 21 M und 31 R

Körper

224(224)240(256) M auf der Rundnd anschlagen. 6 R re hin und zurück stricken.
Mit 4 Runden in Rippen fortsetzen: 2 M re – *4 M li – 4 M re*. Von * bis * wdh. Enden mit 4 M li – 2 M re.

Größe S: 2 M re – 4 M li – 44 M re – 4 M li – 4 M re – 4 M li – 44 M re – 4 M li – 4 M re – 4 M li – 100 M re – 4 M li – 2 M re.

Größe (M): 2 M re – 4 M li – 12 M re – *1 neue M re verschr aus dem Querfaden zwischen den M herausstr. – 8 M re*. Von * bis * insgesamt 4mal – 4 M li – 4 M re – 4 M li – *8 M re – 1 neue M*. Von * bis * insg 4mal – 12 M re – 4 M li – 4 M re – 4 M li – 8 M re – *1 neue M – 12 M re*. Von * bis * insg 7mal – 1 neue M – 8 M re – 4 M li – 2 M re = 240 M.
Folgende R: 2 M re – 4 M li – 48 M re – 4 M li – 4 M re – 4 M li – 48 M re – 4 M li – 4 M re – 4 M li – 108 M re – 4 M li – 2 M re.

Größe L: 2 M re – 4 M li – 4 M re – 4 M li – *1 neue M re verschr aus dem Querfaden zwischen den M herausstr – 6 M re*. Von * bis * insg 7mal str – 1 neue M – 2 M re – 4 M li – 4 M re – 4 M li – 2 M re – *1 neue M – 6 M re*. Von * bis * insg 7mal str – 1 neue M – 4 M li – 4 M re – 4 M li – 4 M re – 4 M li – 6 M re – *1 neue M – 6 M re*. Von * bis * insg 15mal – 1 neue M – 4 M re – 4 M li – 2 M re = 272 M.
Folgende R: 2 M re – 4 M li – 4 M re – 4 M li – 52 M re – 4 M li – 4 M re – 4 M li – 52 M re – 4 M li – 4 M re – 4 M li – 4 M re – 4 M li – 116 M re – 4 M li – 2 M re.

Größe (XL): 2 M re – 4 M li – 4 M re – 4 M li – *1 neue M re verschr aus dem Querfaden zwischen den M herausstr – 6 M re*. Von * bis * insg 7mal – 1 neue M – 2 M re – 4 M li – 4 M re – 4 M li – 2 M re – *1 neue M – 6 M re*. Von * bis * insgs 7mal – 1 neue M – 4 M li – 4 M re – 4 M li – 4 M re – 4 M li – 4 M re – 4 M li – 6 M re – *1 neue M – 6 M re*. Von * bis * insgs 15mal – 1 neue M – 4 M re – 4 M li – 4 M re – 4 M li – 2 M re = 288M.
Folgende R: 2 M re – 4 M li – 4 M re – 4 M li – 52 M re – 4 M li – 4 M re – 4 M li – 52 M re – 4 M li – 4 M re – 4 M li – 4 M re – 4 M li – 4 M re – 4 M li – 116 M re – 4 M li – 4 M re – 4 M li – 2 M re.

Mit den Rippen an den Seiten und der vorderen Mitte stricken bis die Arbeit 34(39)41(41) cm misst. An jeder Seite 10(10)18(26)M abketten. Die äußerste M = 1 li M.
Die Arbeit ruhen lassen und mit den Ärmeln beginnen.

Ärmel

56(64)64(64) M auf Strumpfnadeln anschlagen.

Größe S: In Rippen rundstr: 2 M li *4 M re – 4 M li*. Von * bis * wdh. Enden mit 4 M re – 2 M li.

Größe (M) L (XL): In Rippen rundstr: 2 M re *4 M li – 4 M re*. Von * bis * wdh. Enden mit 4 M li – 2 M re.

Nach 6 Runden beginnen die Zunahmen.
Die erste und letzte M markieren = die 2 M unter dem Arm.
Für die Zunahmen aus dem Querfaden zwischen zwei Maschen 1 M re verschr herausstr, und zwar vor und nach den 2 markierten M. Die neuen M nach und nach ins Rippenmuster ein-

fügen. Die erste und letzte M ändert sich von einer li in eine re M oder von einer re in eine li, wenn 4 gleiche M an jeder Seite der markierten M sind.

Diese Zunahmen jede 6.(6.)6.(5.) Runde wdh bis 96(112)120(128)M auf den Nadeln sind.

Fortsetzen bis der Ärmel 46(50)53(53)cm lang ist oder die gewünschte Länge hat. 10(10)18(26) M unter dem Arm abketten, wo die Zunahmen gemacht wurden.

Äußerste M = 1 li M.

Den anderen Ärmel auf die gleiche Weise stricken.

Raglan

In einer Hinreihe an der mitte des Vorderteiles beginnen: 2 M re – 4 M li – 44(48)52(52) M re – 1 M li. Einen Ärmel einsetzen und über die 86(102)102(102) Ärmelm in Rippen str.

Den Rücken str: 1 M li – 100(108)116)116 M re – 1 M li. In Rippen über die 86(102)102(102) letzten Ärmelm str.

Das Vorderteil str: 1 M li – 44(48)52(52) M re – 4 M li – 2 M re = 376(424)440(440) M.

Hin und her stricken. Innen am Halsschlitz eine Kettkante str:

Die letzte M re str. Die erste M li abheben – die nächste M auf die re Nadel heben ohne sie zu str, mit dem Faden auf der Rückseite der Arbeit.

3 R vorne und hinten glatt re str und Rippen an den Ärmeln und in der mitte.

Die Abnahmen für den Raglan an der Vorderseite vornehmen, an den 4 Stellen wo Ärmel und Körper aneinandertreffen, an jeder Seite der 2 Linksmaschen. Vor einer Markierung wie folgt abnehmen: 2 M re verschr zusstr. Nach einer Markierung 2 M re zus str. Die 2 Linksmaschen bleiben links. Die Abnahmen mit einem Faden markieren.

Größe S, L (XL): In jeder 2. R an jeder Seite der 2 li M eine Abn str, so gibt es in jeder 2. R 8 M weniger.

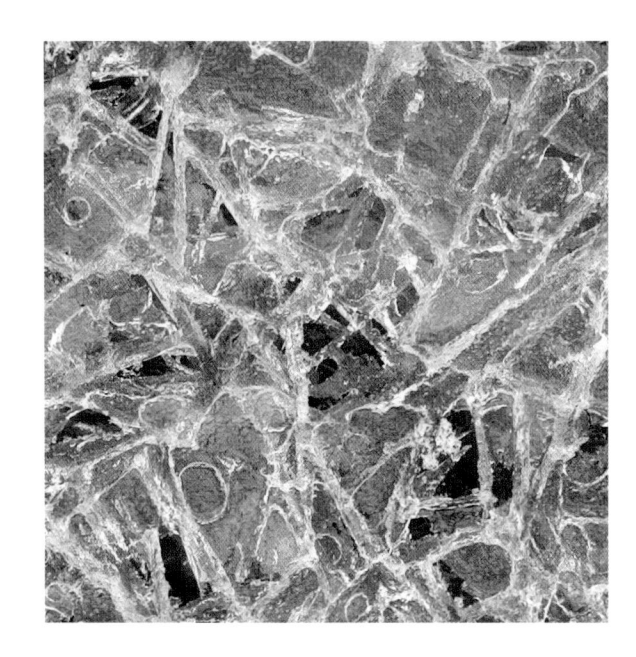

Größe S: Die Abn 21mal str = 208 M
Größe L (XL): Die Abn 26mal str = 232 M.

Größe (M): Die Abn in jeder 2. R an der Ärmelseite der 2 li M str. In jeder 2. R werden es 4 M weniger. Nach 4 Abnahmereihen = insges 8 R die Abnahmen auch an der Körperseite der 2 li M str.
Es gibt 4 Abnahmen nur an den Ärmeln und 22 Abnahmen an Ärmeln und Körper = 232 M.

Nach der letzten R mit Abnahmen den Halsausschnitt mit Wendestricken str.

Anstatt die M abzuketten, diese nur stilllegen.

Sie werden für den Kragen wieder eingesetzt. Die Umschläge später mit den folgenden Maschen zusstr. Die Umschläge NICHT als Masche mitzählen. GLEICHZEITIG die Abnahmen fortsetzen.

Halsausschnitt

In einer Rückreihe str bis noch 6 M auf der li Nadel sind. Wenden. 1 verschr U. In der Hinreihe mit Abn str bis noch 6 M auf der li Nd sind. Wenden. 1 verschr U.
In der Rückreihe str bis 3 M + U vor der letzten Wende. Wenden. 1 verschr U.

In der Hinreihe mit Abn str bis 3 M + U vor der letzten Wende. Wenden. 1 verschr U.

Größe S: Die Abn weiterhin nur in jeder 2. R str.
Größe (M): Die Abn weiterhin nur in jeder 2. R str.
Größe L (XL): Die Abn nun in jeder R str. Bei den Abn in einer Rückreihe die 2 M vor der Markierung re zus str und die 2 M nach der Markierung re verschr zus str.

In der Rückreihe bis 2 M + U vor der letzten Wende str. Wenden. 1 verschr U.
In der Hinreihe mit Abnahmen bis 2 M + U vor der letzten Wende str. Wenden. 1 verschr U.

In der Rückreihe bis 2 M + U vor der letzten Wende str. Wenden. 1 verschr U.
In der Hinreihe mit Abnahmen bis 2 M + U vor der letzten Wende str. Wenden. 1 verschr U.
Größe S: Die Abn weiterhin nur in jeder 2. R str.
Größe (M): Die Abn nun in jeder R str.
Größe L (XL): Die Abn in jeder R str.

In einer Rückreihe bis 1 M + U vor der letzten Wende str. Wenden. 1 verschr U.
In der Hinreihe mit Abnahmen bis 1 M + U vor der letzten Wende str. Wenden. 1 verschr U.
In einer Rückreihe bis 1 M + U vor der letzten Wende str. Wenden. 1 verschr U.
In der Hinreihe mit Abnahmen bis 1 M + U vor der letzten Wende str. Wenden. 1 verschr U.
In einer Rückreihe bis 1 M + U vor der letzten Wende str. Wenden. 1 verschr U.
In der Hinreihe mit Abnahmen bis 1 M + U vor der letzten Wende str. Wenden. 1 verschr U.

Größe S: die Abn nun in jeder R str.
Größe (M): die Abn in jeder R str.
Größe L (XL): die Abn in jeder R str.

Die Arbeit mit Abnahmen bis 1 M + U vor der letzten Wende fortsetzen, bis bei den Ärmeln zwischen den 2 Linksmaschen an jeder Seite noch 22 M sind.

Kragen

Ohne Abnahme zurück bis zum U str, diesen mit der folgenden M re zus str. Auch den nächsten U mit der folgenden M re zus str. Den letzten U mit der folgenden M li zus str.
Dies in der nächsten R wdh, aber die U li verschr mit der folgenden M zus str. Den letzten U re verschr mit der folgenden M zus str.

Die M auf der Nadel sind nun für den Kragen. Die ersten beiden M wie vorher str. In Rippen fortsetzen: 4 M li – 4 M re. Enden mit 4 M li – 2 M re. Alle R mit 2 Kettmaschen beginnen, danach in Rippen str.
11(13)13(13) cm Rippen str.

In Rippen locker abketten.

Beleg

Die Belege quer und mit 2 Fäden str.
Wenn der Reißverschluss 30 cm lang ist, 66 M anschlagen.
Wenn der Reißverschluss 35 cm lang ist, 77 M anschlagen.
5 R glatt re str, mit einer Linksreihe beginnen.
Evtl. den dunkleren Faden mit noch einem hellen Faden auswechseln und locker abketten.
Noch einen Beleg str.

Fertigstellung

Von der rechten Seite den Körper bei den Ärmeln in die Armausschnitte nähen.
Die Fäden vernähen.
Von der rechten Seite den Reißverschluss mit einem Nähfaden einnähen.
Die Beläge von der linken Seite annähen. Die Abkettkante soll am Reißverschluß verlaufen.

Jahresringe

Jahresringe Spinnennetz und Spinne Jahreszeiten Frost Jahresringe Spinnennetz und Spinne Jahreszeiten Frost Jahresringe Spinnennetz und Spinne Jahreszeiten Frost Jahresringe Spinnennetz und Spinne Jahreszeiten Frost Jahresringe Spinnennetz und Spinne Jahreszeiten Frost Jahresringe Spinnennetz und Spinne Jahreszeiten Frost Jahresringe Spinnennetz und

Größe: S (M) M/L (L) XL
Halbe Brustweite: 43(46)49(52)55 cm
Länge: 49(52)55(58)61 cm

Material:
200(200)200(250)250 g Baumwolle Farbe 0 oder Bomulin Farbe 1000, dazu einen Mitlauffaden in dünner Isager Baumwolle

Verwendete Rundnadel Nr. 3

Maschenprobe in glatt rechts:
10 x 10 cm = 26 M und 36 R
Der Pulli wird in Rippen gestrickt, die elastisch sind.
Deshalb wird die Strickprobe in glatt re gestrickt.

Körper

240(256)272(288)304 M anschlagen und in Runden str.

Runde 1, 2 und 3:

1 M re – 118(126)134(142)150 M li – 1 M re – die Seitennaht markieren – 1 M re – 118(126)134(142)150 M li – 1 M re = 1. Linksrille.

Soll der Pulli verlängert werden, geht es an dieser Stelle:
3 Rd re str – Rd 1, 2 und 3 wdh.
Mit diesen 6 R wird eine Verlängerung von 1½ cm erreicht. Bis zur gewünschten Länge wdh.

Runde 4, 5 und 6:

1 M re – 2 M li – 114(122)130(138)146 M re – 2 M li – 2 M re – 2 M li – 114(122)130(138)146 M re – 2 M li – 1 M re.

Runde 7, 8 und 9:

1 M re – 2 M li – 2 M re – 110(118)126(134)142 M li – (2 M re – 2 M li) 2mal – 2 M re – 110(118)126(134)142 M li – 2 M re – 2 M li – 1 M re = 2. Linksrille.

Runde 10, 11 und 12:

1 M re – 2 M li – 2 M re – 2 M li – 106(114)122(130)138 M re – 2 M li – (2 M re – 2 M li) 3mal – 106(114)122(130)138 M re – 2 M li – 2 M re – 2 M li – 1 M re.

Runde 13, 14 und 15:

1 M re – 2 M li – 2 M re – 2 M li – 2 M re – 102(110)118(126)134 M li – (2 M re – 2 M li) 4mal – 2 M re – 102(110)118(126)134 M li – (2 M re – 2 M li) 2mal – 1 M re = 3. Linksrille.

Runde 16, 17 und 18:

1 M re – 2 M li – (2 M re – 2 M li) 2mal – 98(106)114(122)130 M re – 2 M li – (2 M re – 2 M li) 5mal – 98(106)114(122)130 M re – 2 M li – (2 M re – 2 M li) 2mal – 1 M re.

Runde 19, 20 und 21:

1 M re – 2 M li – (2 M re – 2 M li) 2mal – 2 M re – 94(102)110(118)126 M li – (2 M re – 2 M li) 6mal – 2 M re – 94(102)110(118)126 M li – (2 M re – 2 M li) 3mal – 1 M re = 4. Linksrille.

Runde 22, 23 und 24:

1 M re – 2 M li – (2 M re – 2 M li) 3mal – 90(98)106(114)122 M re – 2 M li – (2 M re – 2 M li) 7mal – 90(98)106(114)122 M re – 2 M li – (2 M re – 2 M li) 3mal – 1 M re.

Das Muster mit den Rillen fortsetzen, diese werden immer kleiner. Weiterstr bis Rd 3:
1 M re – (2 M li – 2 M re). Enden mit 1 M re.
Es gibt nun 15(16)17(18)19 Linksrillen. Ab hier auf die gleiche Weise rückwärts str, so dass die Linksrillen ab der mitte wieder breiter werden. Wenn 5(6)7(8)9 Linksrillen nach der mitte gestr sind, Vorderteil und Rücken einzeln weiterstr.

Rücken

120(128)136(144)152 M im Muster str = Seitennaht. 2 M in Verlängerung dieser Maschen anschlagen. Das Strickteil wenden und str: 1 M re – 2 M li – das Muster fortsetzen. Bei der zweiten Seitennaht wieder in Verlängerung der Maschen 2 M aufschlagen. Wenden und str: 3 M re – im Muster fortsetzen. An jeder Seite 2 M anschlagen. Die äußerste M immer re str, ansonsten die neuen M ins Rippenmuster einfügen.
Fortsetzen bis an jeder Seite 6(10)10(10)10 neue M gestr sind = 132(148)156(164)172 M. Danach gerade hochstr.

Wenn ab der mitte 14(15)16(17)18 Linksrillen gestr sind, 47(53)57(60)63 M str – im Nacken 38(42)42(44)46 M abketten – 47(53)57(60)63 M str. Das Muster über die Schultern fortsetzen, bis an der Seite keine Rippen mehr sind. Über alle M eine ganze Linksrille str. 1 Rechtsreihe str und die M auf einen Hilfsfaden setzen. Die andere Schulter auf die gleiche Weise stricken.

Vorderteil

Wie beim Rücken str bis nach der Mitte 11(12)13(14)15 Linksrillen erreicht sind. Hier wie beim Rücken für den Halsausschnitt abketten. Wie beim Rücken weiterstricken.

Fertigstellung

Die Schulterm wieder auf eine Nadel setzen. Die Schultern rechts auf rechts aneinander legen. Die Schultermaschen von beiden Nadeln zusammenstr und dabei gleichzeitig abketten. Die M unter den Ärmeln zusammennähen. Die Fäden vernähen

Spinnennetz und Spinne

ost Jahresringe Spinnennetz und Spinne Jahreszeiten Frost Jahresringe Spinnennetz und Spinne Jahreszeiten
resringe Spinnennetz und Spinne Jahreszeiten Frost Jahresringe Spinnennetz und Spinne Jahreszeiten Frost J
ge Spinnennetz und Spinne Jahreszeiten Frost Jahresringe Spinnennetz und Spinne Jahreszeiten Frost Jahres
innennetz und Spinne Jahreszeiten Frost Jahresringe Spinnennetz und Spinne Jahreszeiten Frost Jahresringe S
z und Spinne Jahreszeiten Frost Jahresringe Spinnennetz und Spinne Jahreszeiten Frost Jahresringe Spinner
Spinne Jahreszeiten Frost Jahresringe Spinnennetz und Spinne Jahreszeiten Frost Jahresringe Spinnennetz
inne Jahreszeiten Frost Jahresringe Spinnennetz und Spinne Jahreszeiten Frost Jahresringe Spinnennetz und

Spinnennetz
Größe
Länge: ca. 150 cm
Breite: ca. 20 cm

Material:
150 g Isager Alpaka 2 Farbe 402

Verwendete Nadel Nr. 3

Maschenprobe in glatt rechts:
10 x 10 cm = 28 M und 36 R

Spinne
Größe: S(M)L
Umfang: 50(54)57 cm

Material:
Farbe A = 25 g Isager Alpaka 2 Farbe 402
Farbe B = 25 g Isager Alpaka 2 Farbe 500
Farbe C = 25 g Isager Alpaka 1 Farbe 402
Die Mütze wird mit doppeltem Faden gestrickt.
Mit Farbe C wird die ganze Zeit gestrickt.
Farbe A und Farbe B wechseln.

Verwendete Nadel Nr. 3½
40 cm Rundnadel und Strumpfnadeln

Maschenprobe in kraus rechts:
10 x 10 cm = 21 M und 42 R

Spinnennetz

64 M mit Isager Alpaca 2 Farbe 402 anschlagen.

Reihe 1 (Rückreihe):
1 M li abh (li abh = M mit dem Faden vor der Arbeit abh) – 1 M li abh – 61 M li – 1 M re.

Reihe 2 (Hinreihe):
1 M li abh – 1 M re abh (re abh = M mit dem Faden hinter der Arbeit abh) – 62 M re.

Reihe 3:
2 M li abh – 1 M li – 58 M re – 2 M li – 1 M re.

Reihe 4:
1 M li abh – 1 M re abh – 1 M re – 58 M li – 3 M re.

Reihe 5:
wie Reihe 3.

Reihe 6:
1 M li abh – 1 M re abh – 1 M re – 2 M li – 54 M re – 2 M li – 3 M re.

Reihe 7:
2 M li abh – 1 M li – 2 M re – 54 M li – 2 M re – 2 M li – 1 M re.

Reihe 8:
wie Reihe 6.

Reihe 9:
2 M li abh – 1 M li – 2 M re – 2 M li – 50 M re – 2 M li – 2 M re – 2 M li – 1 M re.

Reihe 10:
1 M li abh – 1 M re abh – 1 M re – 2 M li – 2 M re – 50 M li – 2 M re – 2 M li – 3 M re.

Reihe 11:
wie Reihe 9

Das Muster fortsetzen und dabei nach jeder 3. R die Rippen an beiden Seiten um 2 M nach innen erweitern. Nach 3 R Rippen über alle M die 6 mittleren M wieder glatt re str.
Bei jeder 3. R die glatt gestrickten M um 4 M erweitern bis in einer Hinreihe alle M re gestrickt werden. Hiernach endet das Muster. Wieder mit R 1 beginnen.

Das Muster insgesamt 7mal stricken. Alle M in einer R 2 locker abketten.

Spinne

Mit Farbe A und Farbe C 96(104)112 M anschlagen.
Hin und her stricken.
Rückreihe: *11(12)13 M re – 1 M abheben mit dem Faden vor der M = 1 hervorgehobene M*. Von * bis * wdh. mit 12(13)14 M re enden.
Mit Farbe B + C:
Reihe 1:
alle M re.
Reihe 2:
11(12)13 M re – 1 hervorgehobene M. Von * bis * wdh. Enden mit 12(13)14 M re.
Mit Farbe A + Farbe C:
Wieder Reihe 1 und 2 str.

Reihe 1 und Reihe 2 in Streifen wdh bis 12(12)16 R gestrickt sind. Letzte R = Reihe 1 mit Farbe A + Farbe C.
Die nächste R mit Zunahmen im Muster str: 1 M re – *6 M re – 1 neue M aus dem Querfaden zwischen den M re verschr herausstr – 5(6)7 M re – 1 hervorgehobene M*. Von * bis * wdh. Enden mit 1 M re anstatt der hervorgehobenen M = 104(112)120 M.

Zu einer Rundnd wechseln und die restliche Mütze in Runden weiterstr.

Muster:
Mit Farbe B + Farbe C:
Reihe 1:
alle M re.
Reihe 2:
1 hervorgehobene M mit dem Faden hinter der M – 12(13)14 M re – 1 hervorgehobene M mit dem Faden hinter der M – 12(13)14 M li. Von * bis * wdh.
Mit Farbe A + Farbe C:
Reihe 3:
alle M re.
Reihe 4:
1 hervorgehobene M mit dem Faden hinter der M – 12(13)14M li – 1 hervorgehobene M mit dem Faden hinter der M – 12(13)14 M re. Von * bis * wdh.

Das Muster wdh bis die Mütze 10(11)12 cm misst.

Das Muster mit Abnahmen in jeder Reihe 1 fortsetzen. Dabei zu Strumpfnadeln wechseln.
1. Abnahme: *11(12)13 M re – 2 M re zus*. Von * bis * wdh. Enden mit 1 M re.
2. Abnahme: 1 M re – *2 M re zus – 10(11)12 M re*. Von * bis * wdh. Enden mit 2 M re zus – 9(10)11 M re.
3. Abnahme: *9(10)11 M re – 2 M re zus*. Von * bis * wdh.
4. Abnahme: 1 M re – *2 M re zus – 8(9)10 M re*. Von * bis * wdh. Enden mit 2 M re zus – 7(8)9 M re.
5. Abnahme: *7(8)9 M re – 2 M re zus*. Von * bis * wdh.
6. Abnahme: 1 M re – *2 M re zus – 6(7)8 M re*. Von * bis * wdh. Enden mit 2 M re zus – 5(6)7 M re.

Die Abnahmen fortsetzen bis noch 40 M auf den Nadeln sind. Danach die Abnahmen in Reihe 1 und Reihe 3 str bis es noch 16 M sind.
1 R re str. Den Faden abschneiden und durch alle M ziehen, um das Loch zu schließen.

Die Fäden vernähen und den unteren Rand von der rechten Seite zusammennähen.

Jahreszeiten

Jahreszeiten Frost Jahresringe Spinnennetz und Spinne Jahreszeiten Frost Jahresringe Spinnennetz und Spinne Jahreszeiten Frost Jahresringe Spinnennetz und Spinne Jahreszeiten Frost Jahresringe Spinnennetz und Spinne Jahreszeiten Frost Jahresringe Spinnennetz und Spinne Jahreszeiten Frost Jahresringe Spinnennetz und

Größe
Breite: 20 cm
Länge: 145 cm

Material
Winter
Farbe A = 100 g Tvinni Farbe 42
Farbe B = 100 g Isager Alpaka 2 Farbe 100
Frühling
Farbe A = 100 g Tvinni Farbe 46
Farbe B = 100 g Isager Alpaka 2 Farbe 016
Sommer
Farbe A = 100 g Tvinni Farbe 12s
Farbe B = 100 g Isager Alpaka 2 Farbe 021
Herbst
Farbe A = 100 g Tvinni Farbe 55
Farbe B = 100 g Isager Alpka 2 Farbe 017

Verwendete Nadel: Nr. 3

Maschenprobe
10 x 10 cm = 23 M x 31 R
(23 Maschensätze = 1 M re – 1 M li)

44 M mit doppeltem Faden A anschlagen. Den einen Faden A abschneiden und durch Farbe B ersetzen.
Beide Fäden liegen über dem Zeigefinger. Farbe A liegt auch noch über dem mittelfinger = für die Rechtsmaschen.
Der Faden, der dichter an den Maschen liegt = Farbe B für die Linksmaschen.
Eine R stricken, in der jede der 2 M auf ihre Farbe verteilt wird: die erste M mit beiden Fäden links abheben – *1 M re mit Farbe A – danach beide Fäden vor die li Nadel legen, mit der rechten Nadel unter beide Fäden stechen und mit B eine M li str*. Von * bis * bis zur letzten M wdh. Diese mit beiden Fäden re str.

Beim Stricken sind die linken Maschenketten zwischen den beiden Stücken verborgen. Es dürfen auf keiner Seite linke Maschenbögen sichtbar sein.

Wenn die Arbeit gewendet wird, darauf achten, dass die Fäden getauscht werden.
Nach dem Diagramm stricken. Pro Diagrammkästchen werden 2 M gestrickt: 1 re M für die Vorderseite und eine li M für die Rückseite. Die erste und letzte M mit doppeltem Faden str.

Jedes Kästchen im Diagramm steht für eine R. Jede 2. Reihe im Diagramm wird von links nach rechts gelesen.
Das Diagramm 3mal str. Ab 4. Mal wie in der Muster-Übersicht einige Motive auslassen.

Mit doppeltem Faden A von der Seite abketten, an der Farbe B die Hauptfarbe ist:
erste M li abheben – 1 M re *die erste M über die zweite M heben – 2 M re zus*.
Von * bis * wdh.

Die Fäden abschneiden und vernähen.

Jahreszeiten **Winter**

101

Fruehling

Jahresringe Spinnennetz und Spinne Jahreszeiten Frost Jahresringe Spinnennetz und Spinne Jahreszeiten Frost Jahresringe Spinnennetz und Spinne Jahreszeiten Frost Jahresringe Spinnennetz und Spinne Jahreszeiten Frost

Jahreszeiten **Winter**

103

Herbst

Jahresringe Spinnennetz und Spinne Jahreszeiten Frost

Jahreszeiten **Winter**

105

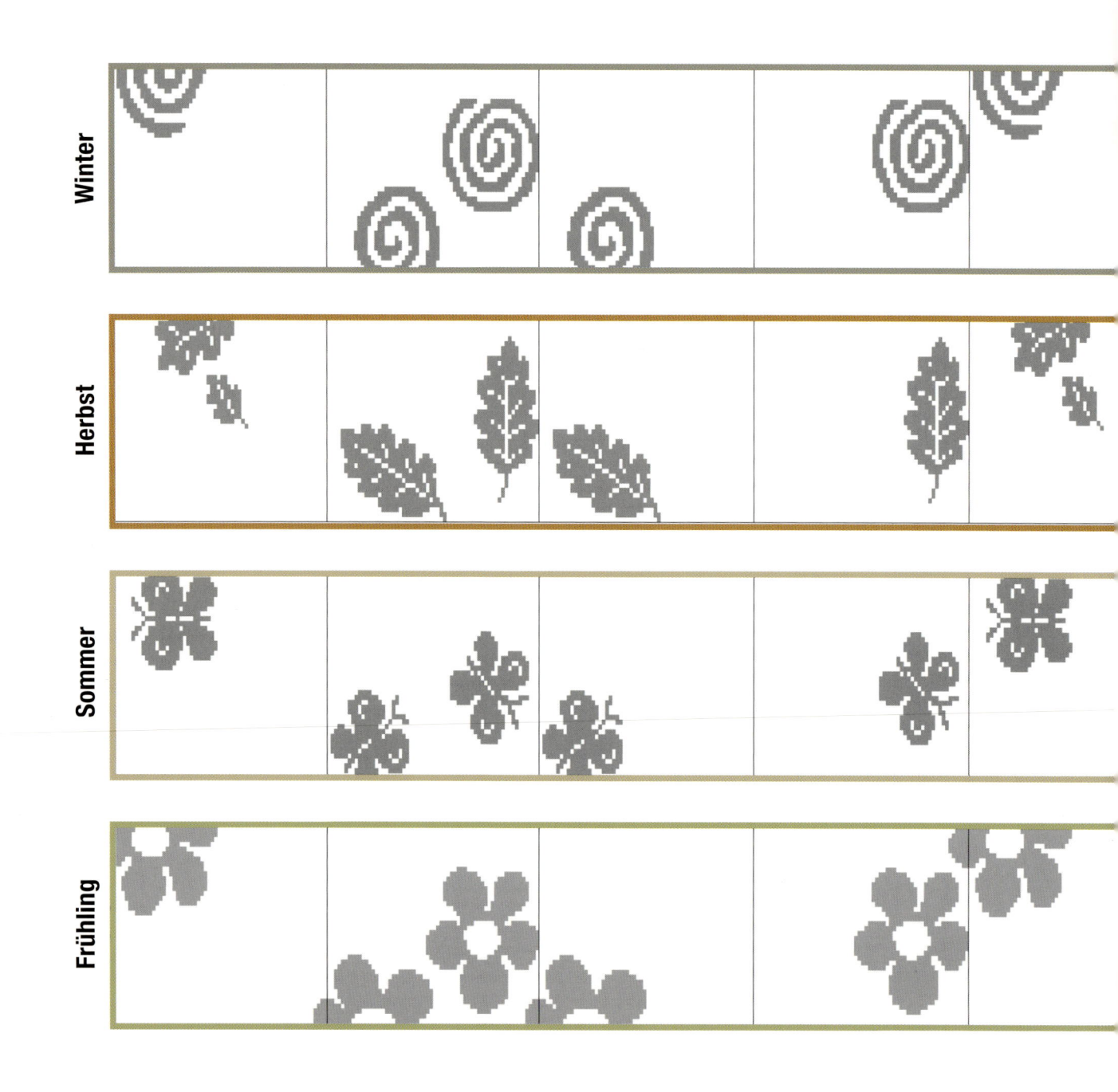

Winter

Herbst

Sommer

Frühling

Abkürzungen

abh	=	abheben
abn	=	abnehmen
Abn	=	Abnahme
d.h.	=	das heißt
Fa	=	Farbe
insg	=	insgesamt
li	=	links
li abh	=	links abheben
		(die Masche wie zum Links-
		stricken abheben, mit dem Faden
		vor der Nadel)
M	=	Masche
Nd	=	Nadel
R	=	Reihe
Rd	=	Runde
re	=	rechts
re abh	=	rechts abheben
		(die Masche wie zum Rechts-
		stricken abheben, mit dem Faden
		hinter der Nadel)
str	=	stricken
U	=	Umschlag
verschr	=	verschränkt
wdh	=	wiederholen
zus	=	zusammen

Berichtigungen und aktuelle Informationen
www.AnnetteD.dk

Material

Alle in diesem Buch verwendeten ISAGER-Garne sind erhältlich bei:
STITCHES Gabriele Böcher
42499 Hückeswagen, Tel.: 0 21 92-38 22
info@isager-stitches.de, www.isager-stitches.de

Die kreativen Bücher
von LV·Buch

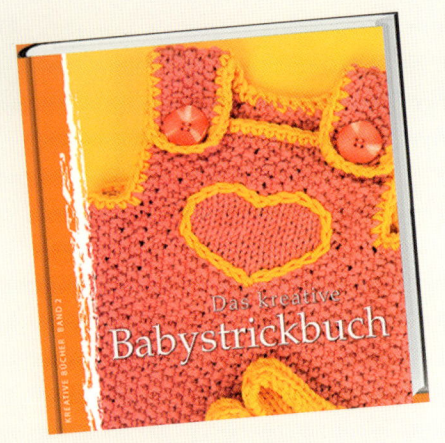

LV·Buch — Wir lieben das Landleben.

Der kreative Strickzoo
Ob als Muff, Mütze oder einfach nur als Kuscheltier – diese Stricktiere machen Spaß. Übersichtliche einfache Anleitungen ermöglichen schon Einsteigern, die Motive nachzustricken.
48 Seiten, Hardcover, € 9,95
ISBN: 978-3-7843-5027-1

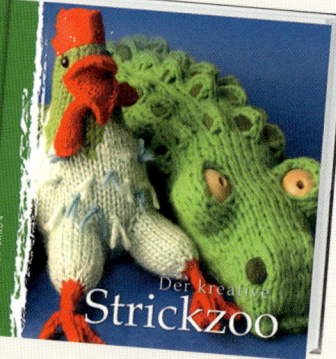

Das kreative Babystrickbuch
Marlies Busch zeigt wie man ganz einfach aus bunter Wolle und Garnen tolle Kleidung, Spielbälle oder Kuscheldecken für Babys zaubern kann.
48 Seiten, Hardcover, € 9,95
ISBN: 978-3-7843-5026-4

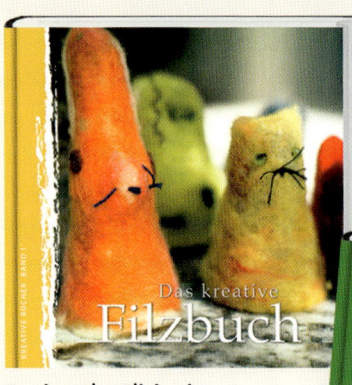

Das kreative Filzbuch
Deko, Kleidung, Accessoires – mit Filztechniken lassen sich wunderbare Mode- und Schmuckideen umsetzen. Über 50 verschiedene Anleitungen finden sich in diesem Buch.
48 Seiten, Hardcover, € 9,95
ISBN: 978-3-7843-5028-8

Das kreative Buch der Quasten und Bommeln
Verzieren und Aufpeppen heißt das Motto dieser tollen Handarbeitsideen, in denen Quasten, Bommeln und Troddeln die Hauptrolle spielen. Mit diesen einfachen Anleitungen gelingen ganz individuelle Objekte.
48 Seiten, Hardcover, € 9,95
ISBN: 978-3-7843-5029-5

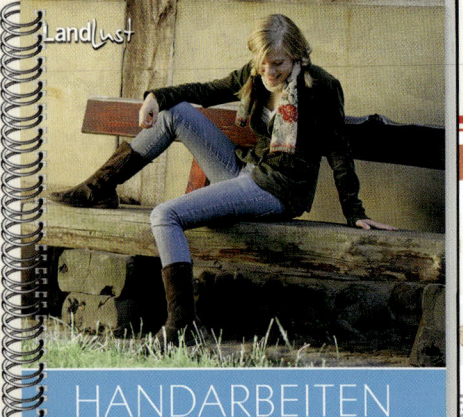

Aus der Landlust EDITION

Die schönsten Landlust-Handarbeiten
Sie sind originell, pfiffig und natürlich schön – die Handarbeitsideen der Zeitschrift Landlust. In diesem praktischen Buch sind diese Ideen gesammelt. Die Modelle sind einfach nachzumachen und überzeugen durch clevere Details und überraschende Einfachheit. Die praktische Ringbindung erleichtert die genaue Arbeit am Muster.

Landlust – Handarbeiten
96 Seiten, Spiralbindung, € 14,80
ISBN: 978-3-7843-5053-0

Erhältlich in jeder Buchhandlung oder unter www.buchweltshop.de LV·Buch im Landwirtschaftsverlag GmbH · 48084 Münster

Winter Frühling Sommmer Herbst Winter Frühling Sommmer Herbst Winter Frühling Sommmer Herbst Winter Frühling Sommmer Herbst Winter Frühling Sommmer Herbst Winter Frühling Sommmer Herbst Winter Frühling Sommmer Herbst Winter Frühling Sommmer Herbst Winter Frühling Sommmer Herbst Winter Frühling Sommmer Herbst Winter Frühling Sommmer Herbst Winter Frühling Sommmer Herbst Winter Frühling Sommmer Herbst Winter Frühling Sommmer Herbst Winter Frühling Sommmer Herbst Winter Frühling

STADTBIBLIOTHEK
ROSENHEIM
AUSGESCHIEDEN

Sommer Herbst Winter Frühling Sommer Herbst Winter Frühling Sommer Herbst Winter Frühling Sommer Herbst Winter Frühling Sommer Herbst Winter Frühling Sommer Herbst Winter Frühling Sommer Herbst Winter Frühling Sommer Herbst Winter Frühling Sommer Herbst Winter Frühling Sommer Herbst Winter Frühling Sommer Herbst Winter Frühling Sommer Herbst Winter Frühling Sommer Herbst Winter Frühling Sommer Herbst Winter Frühling Sommer Herbst Winter Frühling Sommer Herbst Winter Frühling Sommer Herbst